河北省社会科学基金项目（项目编号：HB16GL100）"河北省环京津地区现代农业发展研究"

经济管理学术文库·管理类

环京津地区现代农业研究
——基于河北省视角

Modern Agricultural Development in Hebei Province around Beijing and Tianjin Area

张楠楠／著

经济管理出版社

ECONOMY & MANAGEMENT PUBLISHING HOUSE

图书在版编目（CIP）数据

环京津地区现代农业研究：基于河北省视角/张楠楠著. —北京：经济管理出版社，2017.5
ISBN 978 - 7 - 5096 - 5049 - 3

Ⅰ.①环…　Ⅱ.①张…　Ⅲ.①现代农业—农业发展—研究—河北　Ⅳ.①F327.22

中国版本图书馆 CIP 数据核字（2017）第 067192 号

组稿编辑：曹　靖
责任编辑：杨国强　张瑞军
责任印制：黄章平
责任校对：赵天宇

出版发行：经济管理出版社
　　　　　（北京市海淀区北蜂窝 8 号中雅大厦 A 座 11 层　100038）
网　　址：www. E - mp. com. cn
电　　话：（010）51915602
印　　刷：北京玺诚印务有限公司
经　　销：新华书店
开　　本：720mm×1000mm/16
印　　张：10.75
字　　数：212 千字
版　　次：2017 年 5 月第 1 版　　2017 年 5 月第 1 次印刷
书　　号：ISBN 978 - 7 - 5096 - 5049 - 3
定　　价：68.00 元

前　　言

本书为作者 2016 年承担的河北省社会科学基金项目"环京津地区现代农业发展研究——基于河北省视角"的成果，项目编号：HB16GL100。

2016 年中央一号文件提出了关于落实发展新理念、加快农业现代化实现全面小康目标的若干意见。近年来，中央一号文件连续强调现代农业的重要性，中共中央在"十三五"规划建议中也着重指出我国"十三五"时期的一项重要任务是现代农业建设。河北省是一个农业大省，长久以来肩负着国家粮食安全的重任，农村人口多，将经济发展的重点放在解决"三农"问题上是河北省提升经济发展水平的重大战略。2014 年河北省县域生产总值已达到 19029 亿元，占河北省地区生产总值的 64.7%。2015 年 5 月，中央政治局审议通过《京津冀协同发展规划纲要》，2016 年 5～7 月河北省政府颁布了众多协同经济规划，京津冀一体化的战略地位不言而喻。环渤海和环京津是河北省地理位置的两大特点，随着京津冀一体化和环首都经济圈日益成为热议话题，河北省环京津六个地区作为首都绿色屏障的特殊地位被凸显出来。因此，发展环京津地区的现代农业对于解决首都生态危机"瓶颈"，提高环京津地区农业生产能力，改善居民生活质量，满足京津冀区域经济一体化发展都具有重大意义。本书运用规范分析和实证分析对河北省环京津地区现代农业发展的必要性、影响因素、支撑体系等问题进行了评价。

首先，对环京津地区农业和经济社会的发展现状进行了描述。通过数据分析得出了六个地区农业发展在从业人员就业类型、农产品种类拓宽、产业结构优化等方面已经取得了长足进步。然而需要注意的是，环京津地区现代农业发展也存在诸如社会保障体系薄弱、机械化程度不高、适度经营条件不完善、农产品市场环境较差、农民培育效果不佳等问题。

其次，构建了环京津地区现代农业发展水平指标体系。通过建立衡量现代农业的指标体系对河北省环京津地区各县现代农业发展水平进行综合评分，得出环京津地区下辖各县排名以及各因素排名。运用空间聚类分析对环京津地区现代农业发展水平进行测算和归类,以便在接下来的研究中将区位相近、发展水平较接近的地区归类研究。结合评分结果分析影响环京津地区现代农业发展的因素。

再次,利用比较优势分析法分别对河北省环京津地区各主要农业产业进行了规模优势指数、效率优势指数和综合优势指数的计算,得出河北省环京津地区各个县具有比较优势的产业。利用区位商和显示性对称比较优势指数对河北省环京津地区农业行业进行比较优势分析,为今后河北省环京津地区发展现代农业的产业提供建议,便于河北省环京津地区选择农业特色产业,打造适宜其自身特点的农产品基地。

最后,通过比较研究的方法借鉴了国内外现代农业成果经验,并结合河北省环京津地区自身特点得出了启示,提出了促进河北省环京津地区现代农业发展的措施。主要从四大方面的支撑体系建设着手进行分析。第一是要素支撑体系,包括资本投入、资源投入、技术投入和劳动力投入;第二是产业支撑体系,通过分区域规划的方式将河北省环京津地区划分为四区分别进行分析,同时构建了农业特色产业低碳化模式,并提出将循环产业融入到产业链的设计中,结合本地旅游资源发展休闲农业,提升周边居民对美丽乡村的好感度;第三是制度支撑体系,包括推进户籍制度改革,进一步完善法律制度和加大惠农制度的力度;第四是市场支撑体系,加大对有形市场和无形市场的建设力度,积极引导农业企业开拓农产品海外市场以扩大农产品品牌价值和知名度。

总之,本书研究构建了河北省环京津地区现代农业发展水平的指标体系。通过主成分分析法明确了各县在河北省现代农业发展水平中所处的位置,更好地量化了各地区现代农业发展存在的差距;运用比较优势指数对河北省环京津地区的主要农产品进行比较优势的评价,明确了今后河北省环京津地区各个县重点发展的农业特色产品和调整结构的方向;将河北省环京津地区划分为四个区域,并就每个区域的地形地貌、气候特征、农业资源进行分析,有针对性地提出今后各个区域现代农业重点发展的方向。

目　　录

第一章 引言

第一节 研究背景与意义

一、研究背景

农业是广大人民安身立命之本。我国是一个农业大国，近年来在新型城镇化的背景下农业人口虽逐年减少，2015 年末乡村人口仍占总人口数的 43.9%，是我国庞大的社会群体。自改革开放以来，"三农"问题就是我国政府发展经济的重要关注点，积极推进农业发展是自党的十一届三中全会召开迄今为止近 40 年以来我国经济领域专家学者研究的重要课题，中央连续出台的一系列中央一号文件均将农业作为焦点奠定了现代农业在我国经济及社会发展中的重要地位。然而，我国现代农业发展水平虽然取得了长足进步，但总体水平与世界发达国家相比仍然较为落后，尤其是经济全球化时代到来，传统农业发展模式不能适应我国经济发展的步伐。近年来，由此而来的一些问题也逐渐显现出来，如农药过度使用及饲料滥用导致的食品安全问题、农业生产方式落后导致的大气污染问题、盲目追求产量提高导致的土地资源过度开发问题以及由此带来的一系列社会矛盾问题等。

20 世纪初至今，我国进入了以发展现代农业为核心的农业发展新时期，新时代为现代农业赋予了新的内涵，如集约农业、蓝色农业、分子农业、精准农业、生态农业等。通过现代农业的发展，可以提升劳动生产率，增加农民收入，增强农业总体竞争力。2007 年发布中央一号文件中对现代农业的主要任务和发展方向提出了要求。2012 年中央一号文件中指出依靠科技力量支持现代农业发展。2013 年发布中央一号文件提出要加快发展现代农业。2014 年中央一号文件在肯定了现代农业发展已经取得成就的基础上强调以改革促农业现代化发展的必要性。2015 年中央一号文件提出了关于加大改革创新力度、加快农业现代化建设的若干意见。2016 年中央一号文件又进一步提出了关于落实发展新理念、加快农业现代化实现全面小康目标的若干意见。另外，中共中央在"十一五"规划建议及"十二五"规划建议中均提出推进发展现代农业建设，并指出我国"十三五"时期的一项重要任务是现代农业建设。2014 年 2 月 26 日，习近平总书记在北京召开的关于京津冀协同发展工作专题座谈会上明确提出要加强北京、天津及河北的协同发展，将环京津地区的发展建设提升至国家战略层面，并就协同发展的实施战略提出七点要求。随后召开的两会期间，京津冀一体化又成为官员及代表热议的经济领域主题，3 月 5 日李克强总理在做政府工作报告时发表了关于加强环渤海及京津冀地区经济协作的重要讲话。自此，京津冀一体化开始进入了全新的发展阶段。2015 年 5 月，中央政治局会议审批通过了《京津冀协同发展规划纲要》，指出了京津冀三地的职能和分工。2016 年 3 月，河北省连续出台四个文件落实该规划，分别涉及物流基地建设、城乡统筹、生态环境支撑等方面的具体内容。2016 年 5 月，农业部、国家发改委、工业与信息技术部、财政部、交通运输部、商务部、人民银行、银监会联合印发了《京津冀现代农业协同发展规划（2016～2020 年)》，该规划将河北省划分为两区，分别是都市现代农业区和高产高效生态农业区，足可见国家和河北省对于京津冀协同发展的重视程度。

河北省是一个农业大省，长久以来肩负着国家粮食安全的重任，农村人口多，2014 年河北省县域生产总值达到 19029 亿元，占河北省生产总值的 64.7%，将经济发展的重点放在解决"三农"问题上是河北提升经济发展水平的重大战略。环渤海和环京津地区是河北省地理位置的两大特点，早在 20 世纪 90 年代，河北省政府就以此为立足点提出了旨在振兴河北经济的"两环开放战略"，以期充分利用区位优势发展河北经济。2003 年，党的十六大召开以后，河北省又进一步明确了这一战略。

北京市与河北省的合作由来已久，2006 年，国家"十一五"规划中正式纳入了京津冀区域经济科学发展问题。由此，学术界就这一合作模式展开了大规模的学术研究，从"大北京"到"京津冀都市圈"再到"首都经济圈"，各种概念不断涌现，也深化了各界对于京津冀经济一体化的重视程度。然而长久以来，北京市与天津市两大直辖市的政策扶持、人才引进、金融投资等方面的政策都明显优于河北省，使得优势资源纷纷涌入京津，导致了河北省非但没有从中受益，反而长期处在"环首都贫困带"的位置上。直到近年来京津两地在高速发展的进程中凸显出的"城市病症状"呈现连年加重的态势，比如资源短缺、空气质量差、交通拥堵、房价居高不下等，京津冀协同发展才被提到日程上。2010 年，河北省政府颁布了《河北省环京津地区产业发展规划（2010～2015 年）》，规划提出了环京津地区包括廊坊、保定、张家口、承德、唐山和沧州六个地区，共71 个县（市），确定了环京津地区的地理范围，并提出了深化京津冀区域经济合作的重大战略部署，为促进京津冀优势互补、互利互惠打下了良好基础。随后，2011 年 3 月由河北省政府颁布的"十二五"规划纲要再次指出要逐步将环京津区域发展成为环绿色生态的环保圈、景色美丽的休闲圈、适合居住的生活圈、低碳节能的现代农业圈，赋予了其更深层次的内涵。

2015 年，河北省委、省政府办公厅下发了《关于加快构建现代公共文化服务体系的实施意见》，提出到 2020 年，环京津地区将构建成覆盖城乡的高效便捷的公共服务体系，这势必将对环京津地区的现代农业发展起到坚实的基础保障作用。与此同时，河北省提出 2015 年完成环京津地区造林 100 万亩，对今后京津地区水资源的保持和涵养起到了至关重要的作用。《京津冀现代农业协同发展规划（2016～2020 年）》将河北省确定为"都市现代农业区（环京津的 27 个县）和高产高效生态现代农业区"两区的功能定位。

2016 年 5～7 月河北省政府接连颁布了河北省协同经济规划，京津冀一体化的战略地位不言而喻，环渤海和环京津是河北省地理位置的两大特点，随着京津冀一体化和环首都经济圈日益成为热议话题，河北省环京津六个地区作为京津冀协同发展的重要区域，其首都绿色屏障的特殊地位被凸显出来。发展环京津地区的现代农业对于解决首都生态危机"瓶颈"，提高环京津地区农业生产能力，改善居民生活质量，满足京津冀区域经济一体化发展都具有重大意义。目前，北京市和天津市两大直辖市经济均面临后工业化时代转型期，其产业逐步向第三产业过渡，在当前形势下环京津地区肩负着发挥绿色经济圈的重要作用，环京津地区如何在为北京市和天津市提供有效的食品安全保障及低碳环保的资源环境保障的同时兼顾自身利益，充分利用大城市溢出效应提升河北省经济发展及打造整合京津冀资源的互补平台已经成为目前学术界亟待解决的问题。

环京津地区重点发展张家口、承德、唐山、沧州、廊坊和保定六个城市及下辖 71 个县（市），其目标是将圈内 71 个县（市）打造成科技成果转化基地、绿色健康食品生产加工基地、高端休闲度假基地和二次能源基地。为河北省京津冀一体化发展提供先行示范作用，环京津地区如何在不牺牲农业发展基础上实现农民增产增收、农业生产能力提高，发展兼具生态、低碳、环保及休闲功能的现代农业是建设安全、绿色环京津地区发展经济的重中之重。

二、研究目的

环京津地区地理位置优渥，发展潜力大，本书通过探讨位于环京津地区现代农业的发展模式，旨在提高该地区农民收入，加快城镇化脚步，加快区域经济一体化进程，达到资源合理有效配置。环京津地区现代农业的发展依靠完善科研教育体系、加大金融投资力度、调整农业用地用途、优化农业产品质量、提升农业科技水平、构建信息网络平台和产品流通系统、加大特色农业产业化进程等多方面。从目前情况看，河北省环京津地区农业发展水平与京津地区差异仍较大，本书通过对环京津地区现代农业发展水平进行指标性评价，可以更加量化地发现该地区现代农业发展中的"短板"，从而更便捷有效地找到这些地区发展现代农业的途径，为丰富现代农业实践探索及发展完善规划方法体系研究提供有效依据。

三、研究意义

（一）理论意义

近年来，学术界对经济圈的研究越来越多，如成渝经济圈、珠三角经济圈、黄三角经济圈等，在先进发达国家，经济圈的研究由来已久，如日本、美国、法国等国，均在本国建立了若干都市经济圈，国内也有很多专家学者对这些经济圈的发展特征、模式等进行了深入的研究。较之这些经济圈的研究，近年来随着京津冀一体化和环首都绿色经济圈的重视程度逐步提高，相关研究也越来越多，然而对环京津地区现代农业的起步较晚且定量研究尚不深入。

从总体研究情况来看，宏观研究较多，比如对现状、问题及对策的描述，并且研究较为表面，对于这些地区的微观经济数据和指标体系的研究尚且不足。环京津地区现代农业正处在发展完善阶段，需要可操作性强的理论体系作为指导，虽然国内外经济圈的研究较多，但因其特点不同难以完全应用于环京津地区。

本书通过对该地区各个地市各项指标数值和结构特征进行分析从而对现代农业的运行模式进行深入研究，不仅有利于将研究成果有针对性地运用于环京津地区市县现代农业的发展，同时也可以为京津冀都市圈市县及我国其他几大都市圈周边市县经济发展提供参考价值，进而可以为广泛推广绿色现代农业发展模式提供有力的理论支持，并完善都市圈现代农业发展理论体系，也为政府接下来制定新一轮的发展规划及完善互利共赢的京津冀一体化协调发展战略体系提供政策参考。因此，研究兼具生态、生产、生活功能的环首都地区现代农业发展问题对于河北省环京津地区、北京市及天津市在今后一段时期激发经济活力具有非常深远和积极的理论指导意义。

（二）现实意义

研究现代农业的发展模式对促进农民增收，加快北京市、天津市及周边地区经济有效互动及融合，拉升河北省环京津地区经济总体实力，实现农村经济及生态环境的可持续发展具有深远意义。

（1）解决北京市和天津市生态危机"瓶颈"。环京津地区打造绿色经济圈的核心在"绿色"二字，目前北京作为拥有两千万人口的超大城市面临着国际大都市普遍存在的急速膨胀与可持续发展之间产生巨大矛盾的难题，诸如生态平衡遭到破坏，大气、水资源、土地资源严重污染等"大城市病"集中爆发，2008年奥运会"绿色"奥运口号的提出标志着北京正向和谐低碳的宜居城市方向发展。与此同时，天津市近年来也饱受湿地面积减少和生态环境恶化的困扰。政府及学者为了找到解决上述提及的一系列问题的突破口，纷纷将目光聚焦到河北省尤其是环京津地区，他们提出改善问题的根本途径不仅依靠于京津地区自身的发展完善，更依赖于京津周边地区的协调发展。长久以来，这一区域在京津"虹吸效应"的影响下处在"环首都贫困带"的地位，发达国家的实践经验启示学者探讨在大城市周边地区打造"卫星城"的重要性。环京津地区绿色经济圈可持续发展的基本条件是拥有环境优美、空气净化、绿色环保的生态圈，现代农业除了具有生产功能之外还具备改善生态环境的功能。在当前形势下，讨论如何在提高环京津地区绿化水平、森林植被覆盖率打造绿色生态圈的前提下不牺牲环京津地区经济利益，保证该地区农民增产、增收，发展环境友好型和经济互动型现代农业显得极为必要。

（2）提高环京津地区农业生产能力。河北省环京津地区现代农业起到承接北京市转移产业，实现"溢出"效应的作用。随着目前北京市和天津市经济迈向成熟发展的新阶段，河北省由过去单一的被动服务转为互利互惠的平等合作关系，对农业经济各个方面的扶持力度越来越大。河北省要想抓住机遇，实现农业经济的健康发展，必须加快该地区现代农业的发展，使其作为辐射点通过培养新型农民使新兴技术、新方法向周边地区不断传播，加快环京津地区产业布局优化调整，实现传统农业数量型发展到现代农业质量型发展的飞跃，提高资源利用率和农民劳动生产率。切实提高农业生产能力是目前新农村建设的基本目标，新的农业增长方式必须结合现代的管理理念，在合理利用有限的资源的基础上实现农业产业布局的进一步优化，使广大农业企业在龙头企业的带动下实现又好又快的健康发展，对提高河北省农业生产竞争力尤为重要。

（3）提高居民生活质量的需要。建设现代农业的一个重要目标是增加农民的收入，环京津地区由于受到地方政策限制，产业发展能力受到的影响较为严重，如滦平是我国国家级贫困县之一，虽然这里毗邻北京、天津，但人均收入与京津地区相去甚远，地区差异巨大。发展现代农业除了可以提高劳动生产率外还可以有效提高土地的使用效率，通过整合农产品物资供应市场可以加快产品流转速度，通过深挖产品价值可以延长产业链。本书通过对环京津地区尤其是环首都绿色经济圈各个县市的特点进行分析，根据该地区总体人多地少的特点，因地制宜地找到适合该地区现代农业可持续发展的途径，为更好地利用农业资源、确保农民增收提供切实可行的有力依据。随着经济的不断发展，城市化发展到了一定程度以后，人们对消费的需求倾向不断发生变化，由过去的解决温饱问题转变到健康消费、休闲消费。高质量的鱼肉蛋及蔬菜产品越来越受到人们的青睐，环京津地区现代农业的发展可以切实满足北京和天津居民及河北省其他地区居民的消费需求，提高居民生活质量。

（4）满足京津冀区域经济一体化发展。京津冀一体化是目前学术界热议的话题之一。从京津冀地区总体发展看，该区域是我国经济规模最大，增速极快的地区，同时也是我国经济、政治、文化发展的核心地区之一，该地区不仅起到带动华北地区经济发展的作用，更是体现了中国经济发展水平。然而，该地区由于行政地位的不同导致经济发展极不平衡，三地壁垒严重，长期以来难以形成平等协调的长效机制。环京津地区的发展是京津冀区域协调发展的重中之重，将研究视角立足于环京津地区现代农业发展，对提升环京津地区农业经济基础、避免产业结构重叠具有非常重要的作用。从长远看，为后续产业发展、建设市场秩序以及调整经济结构以实现系统整体优化并最终实现京津冀一体化提供了现实条件。

第二节　国内外研究动态

一、国外研究

从农业发展史的角度看，现代农业兴起是由发达国家开始的，其发展速度十分迅猛，因此发达国家在现代农业的发展方面积累了较多的经验。国外专家关于现代农业的研究由来已久，大致可以分为以下几种类型。

（一）现代农业发展阶段

德国经济学家李斯特将农业发展的阶段归纳为"五阶段论"，其中包括原始阶段、畜牧阶段、农业阶段、农产品的加工阶段与农产品加工的商品化阶段。1966年，梅尔提出了"梅尔发展阶段论"，该理论以发展中国家的农业特点与情况为依据将农业发展过程划分为三个阶段，依次是依赖传统农业投入的传统农业阶段；以技术稳定发展和较少资金投入的低资本技术阶段；技术高度发展和资本的集约使用的高资本技术的农业阶段。1971年，韦茨提出了"韦茨发展阶段论"，他同样将农业发展过程划分为三个阶段：以自给自足为特征的维持生存农业阶段;以多种经营与增加收入为特征的混合农业阶段;以专业化生产为特征的现代化商品的农业阶段。1988年,速水佑次郎提出了"速水发展阶段论",也把农业发展过程分为三个阶段:以增加生产与市场粮食供给为显著特征的农业阶段;以解决农村贫困为显著特征的农业阶段;以调整与优化农业结构为特征的农业发展阶段。

(二)现代农业发展模式

早见次雄与弗农·拉坦,基于资源禀赋和劳动力状况,以人与土地的多少为分类标志,把现代农业分为三种模式(庄甲,2009):美国模式——地多人少型,美国是以人少地多与劳动力短缺为典型特征的国家,其主要目标是提高劳动的生产率;日本模式——人多地少型,其目标是提高土地产出率,将科技进步放在首要位置,采用改良作物品种等措施提高农产品的单位产量;欧盟模式——人地适中型,欧盟介于美国与日本之间,土地与劳动力适中,其主要目标是提高劳动或土地的生产率,既重视现代化的农业物质装备,也重视科学技术的广泛应用。赫修贵(2010)在早见次雄与弗农·拉坦农业阶段划分的基础上提出了微地模式。他认为早见次雄和弗农·拉坦的划分不全面,还有一种是微地模式,例如在土地与水极度缺乏的条件下,依靠现代科技发展节水农业和高效农业的以色列模式。

速水佑次郎与弗农拉坦合作提出诱导型技术创新理论,认为现代农业发展依赖于农业生产率持续增长,生产率持续增长又取决于农业技术不断进步。农业技术进步有代替劳动的机械技术进步和代替土地的生物化学技术进步两种形式。速水佑次郎与弗农拉坦认为,为了促进农业生产率与产出的迅速增长,一个国家如何选择技术进步道路主要取决于其资源禀赋状况:土地丰富、劳动力稀缺的国定通常选择机械技术进步道路,劳动力丰富、土地稀缺的国家通常选择生物化学的技术进步道路(高海珠,2007)。美国经济学家弗农·拉坦研究证明了现代农业发展的基本规律,即劳均土地30公顷以上的国家选择机械技术型农业发展模式,劳均土地3~30公顷的国家选择生物技术—机械技术交错型农业发展模式,而劳均土地不足3公顷的国家则以生物技术型农业发展模式为主。

综上所述,目前对国外现代农业的研究较为全面,但从地域看大多数都是经济发达的国家和地区,对经济欠发达地区和国家研究甚少。同时,从现代农业发展模式局限于资源、资金、劳动力、技术等要素组成的形式考察,几乎没有涉及影响现代农业发展的因素评价研究。

二、国内研究

(一)现代农业的内涵及特征

程怀儒(2006)从美国农业经济学家约翰·梅尔的农业发展阶段论出发,认为传统农业与现代农业的本质区别体现在三个方面：①经营目标不同；②经营规模不同；③技术含量不同。蒋和平（2007）认为，现代农业与传统农业相比，更加广泛地应用现代科学技术和管理方法，反映的是与较高生产力水平相对应的农业经济状态。李静（2015）认为，现代农业更强调节约资源、保护环境的绿色性。张西华（2016）认为，现代农业实质上是资本化了的农业，是用知识、信息、技术、管理、人才、商业资本等要素武装起来的企业群或企业体系。卢良恕（2004）认为，现代农业的核心是科学化，特殊是商品化，方向是集约化，目标是产业化。从国内外实践看，现代农业是持续地、广泛地应用现代科学技术、现代管理和现代工业装备的专业化、社会化、集约化产业，是把生产、加工和销售相结合，把产前、产后和产中相结合，把生产、生活和生态相结合的一体化高效率与高效益的综合性产业。柯炳生（2007）认为，所谓现代农业，实质上是指在国民经济中具有较高水平的农业生产能力和较强竞争能力的现代产业，它是不断地引进新的生产要素和先进经营管理方式，用现代科技、现代工业产品、现代组织制度和管理方法来经营的科学化、集约化、市场化、生态化的农业，是保护生态平衡和可持续发展的农业。王艳玲等（2009）认为，现代农业是按照当代农业生产力发展水平，对农业最新发展的一种表述，是人们从历史的角度区分农业发展的一种形态，它代表了农业发展的新阶段，是当今世界农业经济的先进形态。

（二）现代农业发展面临的现实问题

卢良恕（2014）、蒋和平（2013）、孙浩然（2016）、陶武先（2014）、孔祥智（2006）、周琳琅（2010）、高海珠（2007）、叶裕民（2010）等专家学者都对我国发展现代农业面临的现实问题进行了相关研究，并从中外现代农业对比的角度，认为我国现代农业发展所面临的问题主要包括：第一，农业基础设施建设滞后，土地产出率、劳动生产率低下；第二，农民组织化程度及农业产业化水平偏低；第三，农民科学文化素质普遍偏低，对先进科学技术的吸纳能力不强；第四，农业生产中的资源性矛盾日益突出，生态环境不断恶化。

（三）现代农业发展的对策

第一，在思想观念上加强工作。刘斌（2010）指出，强化农民的科学技术创新意识、区域现代农业经营意识、优惠政策引导扶持意识、农科教统筹运作意识，是建设现代农业的必要条件。李炳坤（2007）认为，必须树立大农业、大市场、大资源、大生态、大食物五大现代农业理念。国务院发展研究中心农村经济研究部课题组（2012）认为，持续农业是现代农业的产物，现代农业的充分发展是可持续农业发展的基础。未来中国农业应该充分吸取发达国家农业的经验教训，通过科学技术的突破，进一步显著提高中国农业劳动生产率，在满足中国城乡居民不断增长的农产品需求的同时恢复和改善中国生态环境，才能实现现代持续农业的目标。

第二，做好制度环境建设方面的工作。张范洲（2011）认为，要在保证土地家庭联产承包责任制不动摇的基础上，建立稳固的农村土地使用权出让、流转机制。万宝瑞（2007）指出，首先应落实好《农民专业合作社法》和《农产品质量安全法》两部法律，为现代农业的发展创造良好的制度环境，并在此基础上深化改革和创新农业科技研发推广体系；此外，还应逐步建立农业政策性保险，加快农村金融改革步伐。

第三，做好支撑体系构建方面的工作。农业部课题组（2006）认为，建设现代农业的基本途径包括：①培育生产经营主体，提高农业产业化水平；②加快农业结构调整，构建现代农业产业体系；③建立健全技术支持和服务体系，加快农业科技创新与成果转化应用；④建立健全农产品质量安全保障体系，提高农产品质量安全水平；⑤健全现代农业保障体系，切实加强对农业的支持和保护；⑥提高农业劳动者素质，增强农民自我发展能力；⑦加强基础设施建设，提高农业综合生产能力和防灾能力。彭相如（2014）强调，要通过扩大农业补贴范围、完善补贴机制建立农业支持政策体系。裴淑娥（2009）认为，发展现代农业必须构建长效财政资金投入机制以及以城带乡、以工促农的发展新机制。蒋和平（2010）认为，现代农业建设是一个动态的不断发展的历史过程，因此，推进现代农业建设是一个长期的过程，需要坚持不懈地努力。在发展目标上，要把发展粮食生产作为首要任务。在发展路径上，以发展劳动密集型农业为主，同时鼓励有条件的地方发展兼容资本密集型、技术密集型和劳动密集型的农业现代化发展模式。在经营体制上，要始终坚持稳定和完善农村基本经营制度，着力于推动农业经营方式转变。在技术应用上，运用高新技术和适用技术改造传统农业。在农业投入上，既要加大公共财政对农业投入的支持力度，又要充分发挥市场机制的激励作用。在服务体系上，构建公共服务体系，注重发挥政府农业公共服务的作用，同时，大力发展多种形式的农业市场化服务组织。在发展模式上，因地制宜、循序渐进，鼓励各地充分发挥和利用地域和资源优势，采取符合当地经济社会发展条件和农业生产力发展水平的农业生产经营方式。

第四，做好生产经营领域方面的工作。柯炳生（2009）认为，必须依靠农业科学技术创新发展现代农业。胡恒洋等（2008）强调，要提高农民科技文化素质，培育新型农民；同时要引导农民转变思想，鼓励农户积极创办企业。张晓山（2010）认为，发展现代农业，应走内涵式规模经营道路。通过增加物质和技术的投入，降低劳动投入的比重，生产高附加值的农产品，导致产出有较大幅度增长，同样提高了劳动生产率，增加了收入，这就是内涵式与集约化经营相结合的规模经营，这种规模经营在中国的农业发展中可能更有应用价值，我国许多农产品生产专业户的发展实际上走的就是这种内涵式规模经营的道路。

（四）现代农业综合评价指标体系的研究

如何评价现代农业发展水平，国内学者对此做了大量研究。比较典型的有：梅方权（2010）提出的两个层次七类 22 项主体指标体系。柯炳生（2010）提出了一级系统和 10 个指标体系。郑有贵（2011）提出三大类 8 个现代农业评价指标体系。林本喜（2011）提出了由目标层、准则层和指标层三个层次构成的现代农业评价指标体系。国务院发展研究中心农村经济研究部课题组（2012）根据国家发改委《"十二五"规划纲要实施考核评价体系》的要求，结合农业部《现代农业规划》制定的农业物质装备水平、农业科技支撑水平、农业经营管理综合水平、农业支持保障水平和农产品供给与农民收入水平五方面共 14 个指标的现代农业发展水平指标考核体系。

（五）现代农业运行模式的研究

北京农林科学院文化研究员综合和归纳了 7 种北京现代农业模式。中国农科院蒋和平（2005）归纳现代农业主要有以下几种模式：外向型创汇农业模式、龙头企业带动型的现代农业开发模式、农业科技园的运行模式、山地园艺型农业模式。万忠（2012）总结了北京、上海、江苏、浙江、山东、台湾的现代农业建设模式与经验。蒋和平（2011）通过设置一套评价农业现代化发展水平的综合评价指标体系，并确立相适应的评价方法，对改革开放以来（1980~2008 年）我国现代农业发展总体水平进行定量测算，对全国东部地区、中部地区、西部地区和东北地区的特色农业建设进行比较，归纳出浙江安吉模式、广东温氏模式、内蒙古鄂尔多斯模式、海南白沙模式、辽宁沈阳模式、江西赣州模式、江苏无锡模式和海南农垦模式。

第三节　研究思路与方法

一、研究的基本思路

笔者在大量阅读国内外参考文献的基础上，综合现有的研究成果，首先对环京津地区农业和经济社会的发展现状和取得的成就进行描述，采用主成分分析法构建指标体系对六个主要地区内部 71 个县（市）现代农业发展水平进行评价，得出六个地区现代农业尽管取得了一些成绩但发展水平仍然较为落后的结论，通过空间聚类分析图对该地区现代农业发展的情况进行勾勒。其次对影响环京津地区现代农业发展的有利因素和不利因素进行分析，通过计算比较优势指数对环京津地区各县具有比较优势的产品进行选择，通过显示性对称指数对环京津地区各县现代农业行业进行比较优势分析。最后对国内外先进国家和地区的现代农业发展经验吸收借鉴，通过要素支撑体系、产业支撑体系、制度支撑体系和市场支撑体系四大方面分析提出了促进环京津地区现代农业发展的措施。

二、研究的主要方法

（1）定性分析和定量分析相结合。本书在对现代农业的理论、发展现状、国内外先进经验进行定性分析的基础上，通过主成分分析法和空间聚类分析法对现代农业发展水平进行量化分析，运用比较优势指数对各县农产品进行比较优势选择。

（2）规范分析与实证分析相结合。在规范分析基础上构建环京津地区现代农业发展水平指标体系，通过因子分析法对环京津地区现代农业发展水平进行实证分析。理论联系实际，为评价环京津地区现代农业发展水平提供了方法，并采用 CD 生产模型对影响环京津地区现代农业的因素的影响力大小进行测算。运用基于 DEA 的 Malmquist 指数对河北省环京津地区的农业产业进行全要素生产率分解，并分别对生产效率进行动态 DEA 分析和静态 DEA 分析。分析利用比较优势指数对环京津地区主要农业产品的规模优势指数、比较优势指数和综合优势指数进行计算及总结。利用区位商和显示性对称比较优势指数对环京津地区现代农业和行业进行比较优势的分析，为今后环京津地区发展现代农业的产业和行业选择提供参考。

（3）综合分析与比较分析相结合。本书分别对美国、国内先进地区现代农业发展模式和经验进行分析，并提出对环京津地区的发展建议，起到了比较分析的作用。在研究现状和分析影响环京津地区现代农业的因素同时提供了北京、天津和河北的数据，便于从横向对环京津地区农业发展水平进行比较。另外，各县比较优势的数据也横向比较了环京津地区各县间农产品状况，使现代农业发展的分析更加全面地反映现实价值。

第四节　技术路线

技术路线如图 1 - 1 所示。

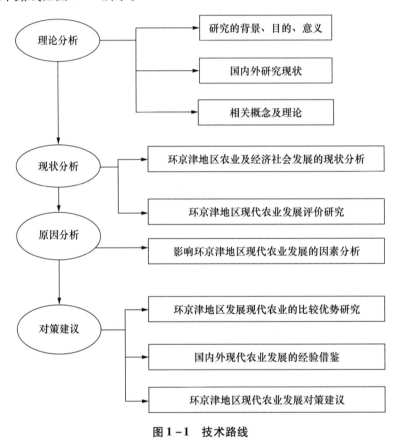

图 1 - 1　技术路线

第五节　创新点和不足

一、创新点

（1）构建了河北省环京津现代农业发展水平的指标体系，包括支撑力、驱动力、凝聚力、创新力、辐射力五大方面 16 个指标，通过主成分分析法明确了环京津地区各县现代农业发展水平，更好地量化了该地区现代农业发展存在的差距并有利于分不同区域进行研究。

（2）利用比较优势分析法分别对环京津地区各主要农业产业进行规模优势指数、效率优势指数和综合优势指数的计算，得出环京津地区各个县具有比较优势的产业。利用区位商和显示性对称比较优势指数对环京津地区现代农业和行业进行比较优势的分析，为今后环京津地区发展现代农业的产业和行业选择提供参考，明确了今后河北省环京津地区各个县重点发展的农业特色产品和调整结构的方向。

（3）对河北省环京津地区总体进行区域划分，并就每个区域的地形地貌、气候特征、农业资源进行分析，明确了今后各个区域现代农业重点发展的方向。

二、不足

（1）由于数据的限制，只对环京津地区的主要农产品进行比较优势的分析，在农产品的类别上存在疏漏。在今后的研究中，会尽量补足农产品的种类，加入实地考察的数据，力求更加全面地对环京津地区农产品进行研究。

（2）以县作为环京津地区进行比较优势和区位划分的基本单位，没有进行更细致的划分。严格意义上讲，区位划分应该更加精确。在今后的研究中，将深入了解各县内部乡镇的具体情况，力求更加准确地对县域内部开展现代农业提供可行性建议，以期使研究结果更有针对性。

（3）对指标体系的指标进行选择时，由于受到研究对象数量的限制，另外还考虑到了指标值获取的难易程度，最终将指标值压缩到了 16 个，导致现代农业发展水平评价指标体系不够全面。在今后的研究中，会更加全面地考虑每个指标值反映的方面，尤其是一些需要通过调研才能得到指标值的指标，应通过今后的研究工作逐渐完善指标体系。

第二章　相关概念及理论

现代农业是相对的、动态的概念，农业是社会安定、国家富强的基石。随着经济社会的不断发展，传统农业向现代农业发展过程中农业的聚焦点也在不断发生变化。相对于传统农业而言，现代农业的内涵主要体现在创新、外向型和产业化、标准化、集约化、规模化经营等几个方面。经济圈是指在一定区域内的经济组织实体，是生产布局的一种地域组合形式，对城市群体的集合产生较大的影响。现代农业的发展与经济圈的发展是息息相关、相辅相成、互相促进的。

第一节　概念界定

一、现代农业

（一）现代农业特征

一是高生产效率的农业，体现出较高的农业产出和综合效益。

二是科技含量高的农业，在农业生产的各环节均运用到先进的技术，通过科技的高投入替换以往劳动密集型的农业生产模式，并以科技促生产，提高产品质量，适合目前全球经济一体化的市场日益严格的标准化需求。近些年来，随着生物技术、计算机、信息技术、精准农业等新技术的推广，现代农业的科技含量越来越高。

三是高循环利用率的农业，现代农业强调的是可持续发展的理念，在此种理念指导下，现代农业通过综合运用生态、绿色和有机农业的生产模式使农业资源的循环利用和未来的可持续发展能力得到提高。可以说，农业生产的两大焦点即食品安全和可持续发展能力，现代农业的生产模式为解决这两个问题提供保障。

四是产业链向纵深延伸，从农产品生产加工的产业链看，现代农业注重完整的产业链条，对产品价值进行深层次的挖掘，深加工技术使食品加工得以良好地整合，同时也使产业链不断延伸。

五是对劳动力素质要求高，现代农业使以往的家庭为单位的作业模式转变为通过龙头企业等形式组织农民，由此可使劳动力由分散变得更为集中，对整合劳动力资源起到了良好的作用。同时，强调精密分工和紧密合作，因此对管理者的要求较高，对新型农民进行培育也是发展现代农业的必由之路。

六是市场化程度高，现代农业是市场为导向的农业，无论是生产要素还是农作物销售都依靠市场、面向市场，市场灵敏性决定了现代农业的供给和需求的方向都由市场决定，因此需要有完善的市场体系作为配套。

七是功能集约化程度高，现代农业不仅承担了农业基础功能，还承担了生态、社会、经济领域的角色，它还可以促进经济增长，提高就业水平，平衡城乡收入差距，保护生态环境等。例如"休闲农业"对周边群众起到了休闲娱乐和示范教育的作用。

（二）现代农业的功能

现代农业的功能主要体现在增长经济、改善生态环境和维护社会发展方面。

（1）提高经济发展水平。现代农业的发展可以拉动地区经济，为该地区居民提供更多的就业机会从而增加劳动者的收入水平，进而刺激消费市场。农业生产效率的提高将提升产业效益。优质的农产品可以提高对外输出商品的能力，通过良好的市场网络实现产品在国内外的流转，以此推动社会经济的整体发展。

（2）改善生态环境。现代农业倡导的理念是合理利用资源、维护生态平衡、以宜居的环境和食品安全为出发点发展农业，一切以人民的生活环境为重，这与以往的牺牲环境一味追求短期利益截然不同。通过在城市周边种植植被，既起到净化空气的作用，又合理利用土地资源，达到城乡之间的和谐统一。通过在城郊建立农业观光园和农业示范区的方式建立市民休闲娱乐场所，使市民在节假日拥有绿色宽广的空间，起到了提高居民生活质量的作用。

（3）维护社会发展。随着城镇化进程的加快，农业作为第一产业，其发展速度应该与工业发展相适应，同时还应带动第三产业的发展。现代农业发展的一个方向就是农产品的深加工，深加工产品在提高了农业产品利用率的同时缓解了就业压力。现代农业发展需要高素质的农民作为参与主体，新型农民作为农业科技成果的实践者和传播者，可以辐射和带动周边地区的群众提高自身知识文化素质，维护社会和谐稳定，促进产业结构的优化调整。观光旅游型农业能拉动第三产业发展，对都市居民在使其感受乡村生活之余起到教育示范的作用。

（三）现代农业的类型

（1）精准农业。为了降低污染、水土流失等传统农业生产方式带来的破坏环境的后果，20 世纪 80 年代末，发达国家开始将全球定位系统、地理信息系统、农作物栽培模拟系统等电子技术应用到农业生产中，以达到定点定量种植、灌溉、施肥和施药，计算机可以自动搜集和记录土壤湿度、农作物产量等数据资料，及时反馈和分析比对信息，避免了资源的浪费。

（2）"三色"农业。指绿色农业、白色农业和蓝色农业。绿色农业指绿色植被的种植业，是最传统的农业类型，历史悠久。随着近年来人口不断增加，受城镇化进程的加快等因素的影响，土地资源日趋稀缺，因此人类将眼光投向了海洋，蓝色农业指以海洋生物为资源的农业，即开发以海洋食物为对象的农业。白色农业指微生物农业。通过发酵和酶工程将农业废弃物和工业废料加以利用，如生产出发酵饲料，可节约饲料粮，解决某些地区的粮食紧张问题。另外，微生物还能制药且做成微生物食品、药品和肥料等，为节能做出贡献。

（3）设施农业。是指运用材料建成适宜农作物生长环境的空间，通过对温度、湿度、光线的调节控制农作物生产。其主要形式有地膜、温室、大棚和拱棚几种，最为人们熟知的应用主要是温室。运用设施农业可以提高产量、改良品质。

（4）有机农业。这一概念起源于 20 世纪 20 年代的法国和瑞士。80 年代以来，有机农业逐步受到人们的重视，它是一种拒绝农药、化肥、饲料添加剂等化学物质的农业，因此有机农业的安全性有保障，其产品为有机产品，尽管价格高出普通产品 50% 左右，但是极具市场竞争力，它主要采用农业机械、水土保持技术和生物防治技术进行生产。

（5）生态农业。生态农业强调人与自然环境的生态平衡。比如运用森林、牧草、灌木等植被进行有机物的积累来替代化肥。将可以用于农业生产的废弃物都用于物质生产循环，尽量减少化学物质参与。它与有机农业最大的区别在于它将生态学的理念融入到现代农业生产中，其目的是建立具有生态合理性的农业体系。

（6）休闲农业。1989 年，台湾大学举办了关于发展休闲农业的研讨会，从此"休闲农业"一词逐渐被理论界所重视，尤其是近年来，随着城镇化进程不断加快，城市居民对去城市周边地区进行休闲旅游越来越热衷。简言之，休闲农业指利用自然资源，将农村文化和生产生活方式等与休闲娱乐、观光度假通过科学的开发和设计相结合的新型农业形态。它是农业和旅游业的集合体，在提高第一产业产值的同时也提升和发展了第三产业。

（四）发展现代农业的意义

在当前京津冀一体化和环首都经济圈建设的背景下，建设绿色现代农业显得尤为必要，发展现代农业的意义主要体现在：

（1）改善生态环境。

（2）保障粮食安全。

（3）增加农民可支配收入。

（4）提高国际市场竞争力。

（5）促进科技发展。

（6）实现农业服务社会化。

二、现代农业与传统农业

（一）传统农业的内涵及特征

传统农业是自给自足的劳动密集型农业，其依靠世代积累下来的传统耕作方法导致农业生产技术发展缓慢。传统农业主要靠畜力和半机械化工具，采用人工施肥、间作、套种等方式进行耕种，生产单位一般是农户或合作社，其维护平衡的能力仍是靠农业内部物质循环，基本特点是技术停滞。

（二）现代农业与传统农业的区别

第一，涵盖产业不同。现代农业以先进的农业科技和完善的基础设施作为基础，以集约生产为主要模式，实现供产销、种养加一体化，不仅仅局限在第一产业，其产业链延伸到第二、第三产业，并逐渐重心后移，其具有多功能性，不仅以生产为主还包含了高效的服务。现代农业包括三大领域，产前包括农业机械、地膜等；产中包括种植业、畜牧业和水产业等；产后包括加工、储藏、营销、运输、进出口贸易等。现代农业包括生产资料工业、加工业等第二产业和交通运输、信息服务等第三产业，其实质是集合了与发展农业相关的产业群体，产前、产中、产后紧密衔接，形成了经营一体化。而传统农业则主要侧重初级产品生产加工，以第一产业为主。

第二，投入重点不同。现代农业是资本、设施、科技和人力等多种资源高度密集的行业。其主要依靠技术、市场、信息等创新性资源。科技对现代农业的贡献率在80%以上，农业劳动力占全国劳动力总数的比重低于20%。而传统农业则主要依靠自然资源的投入，其对于自然资源禀赋的依赖极其严重，因此传统农业具有弱质产业的特征，抵御自然风险能力极差。在全球性资源短缺问题日益恶化的今天，作为资源性的农产品日益得到人们的重视，而现代农业能更好地适应目前的环境，是极具潜力的产业之一。

第三，用途不同。现代农业兼具社会功能、经济功能和生态功能。目前，现代农业正发展成为集观赏、休闲、养老、度假等多功能于一体的新型农业形态。传统农业的功能则较为单一，生产农产品是其主要目的。

第四，可持续发展效益不同。现代农业注重资源节约、环境友好，是可持续发展的农业形态。传统农业以提高作物的产量为主要目的，常常过量使用化肥、农药，对生态环境造成了极大伤害。

第五，从城乡二元结构看，现代农业实现城乡经济协同发展，大量运用信息技术使农产品生产加工和销售区域合理布局，使城市有农业，农村有工业、服务业，有利于打破二元结构，使城镇化水平不断提高，为资源在城乡间自由流通提供基础。传统农业使城乡界限分明，其自给自足、封闭低效的局限性使城乡不能有效融合。

第六，组织形式不同。现代农业的单位是产业化组织。现代农业发展中，农户广泛地参与到专业化生产中，通过加入专业协会、"公司＋农户"等各种专业化合作组织的方式实行产业化经营。传统农业的农户以个体家庭为单位进行小规模生产作业。

第七，导向不同。现代农业以市场为导向，农民的经济活动被纳入到市场交易中，农产品的商品化率高达95％，市场决定了现代职业农民采用新农业技术、发掘农业新功能。传统农业在相对封闭的环境中进行生产，主要是以自给自足为导向。

三、现代农业与农业现代化

农业现代化是一个动态的概念，它是指使农业实现现代化的过程，由于时代的不断发展和进步，现代化这一标准也不断发生着变化。因此，现代化这一概念非常宽泛，无论是在时间上还是在空间上都没有非常明确的界定。现代农业是相对于传统农业的概念，它是对农业先进形态的表述，作为一项系统工程，其包含了种植业、畜牧业、休闲旅游业、加工制造业等多行业的共同发展。因此，现代农业可以认为是农业现代化发展的目标和结果，农业现代化是实现现代农业的过程和基础，二者是在不同阶段对农业发展的表述，其本质都是通过科学技术的综合运用对农业劳动生产率以及经济、生态、社会效益等进行改造。

四、现代农业与经济圈发展的关系

现代农业的发展要靠科技、市场和经济作为主要支撑力，而经济圈则为前者提供了必要的资源基础和经济环境保障。同时现代农业又反作用于经济圈发展，它为经济圈可持续发展提供了必要的物质条件。因此，二者之间是相互融合、相互协调发展的关系，如图2－1所示。

第一，发展现代农业对整合经济圈资源起到积极作用。经济圈作为整体区域，其内部的劳动力、土地、资本、科学技术等资源以及与之相配套的市场、交通、教育、娱乐等设施均具有高度的集聚性。因此，提高资源的合理配置将使资

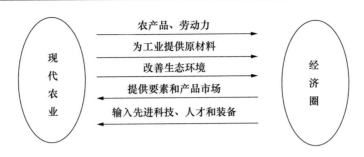

图 2 – 1　现代农业与经济圈的关系

源得到更好的利用，现代农业通过利用经济圈的先进科技、工业技术可以较好地解决资源短缺带来的问题，例如提高土地使用效率。同时，现代农业还很好地将第一产业向第二产业和第三产业转化，提高了都市圈三大产业的产值。

第二，现代农业对提高经济圈内居民生活质量起到积极作用。现代农业不光起到以往传统农业的提供食品保障的功能，它还兼具娱乐、休闲、教育等多元化职能。现代农业发展出的各产业有助于吸纳劳动力剩余资源，为提高当地农民收入起到至关重要的作用。此外，经济圈内居民在工作闲暇之余可以通过乡村休闲游充分感受大自然的生命力，愉悦心情。现代农业还注重生态环境的保持，它对改善经济圈空气质量、水环境、土壤环境起到不可忽视的作用。因此，现代农业对提高当地居民的生活质量可谓功不可没。

第三，经济圈发展推动了现代农业的发展进程。经济圈内部拥有的优势资源可以为现代农业提供技术创新支持，同时经济圈集聚的人口资源作为现代农业主要消费群体对优质产品的要求也促进了现代农业生产质量的提高，进一步促进现代农业按照市场需求开发新的产品项目，比如拥有质量等级的农产品、无公害采摘园、休闲度假村等。通过提供多种形式的产品满足不同人群的需求，促进现代农业生产将细化消费者市场和提高产品竞争力作为发展目标。可以说，现代农业是经济圈的有机组成部分，二者密不可分。

第二节　理论基础

一、农业区位论

农业区位论是由德国经济学家杜能首次提出的，他从地租不同出发，探讨农业分带问题，认为复杂的农村系统可以被假设成孤立国，其中心城市是唯一的销售和供给中心，马车是唯一的交通工具，劳动者生产经营能力均相同，工资、利息、土壤肥力及天气等条件也都相同，因此运费和距离成正比，离圈层中心越远的地区适合从事集约化程度低的农业，离圈层中心越近的地区则适宜种植新鲜的瓜果蔬菜以供城市居民使用，并且集约化程度也越高。他将这样的农业分区划分为6个不同的圈层，（见图2-2），因此，距离城市远近不同导致了各层次农业职能侧重点有所区别。分区理论假设过于理想化，分区非常均匀，现实生活中几乎没有满足诸多假设的可能。杜能意识到这一点，又在此基础上提出了如果存在一条可以通航的河流，那么分区将发生变形，由于航运成本低于马车运费，因此距离中心城市相同的沿岸地区与非沿岸地区相对距离较近。然而，无论杜能圈如何变形，都无法改变以城市为中心并向外扩散分为若干圈的圈层形态。

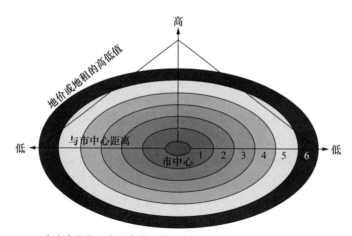

1 自由农业带：向城市供应鲜奶和蔬菜
2 林 业 带：向城市供应薪柴和木料等
3 作物轮作带：种植谷物、马铃薯等
4 谷草轮作带：以种植谷物、牧草为主，休闲地轮作
5 三围轮作带：谷物、牧草种植和休闲地各占1/3
6 粗放畜牧带：草地放牧羊牛等（此带以外是未耕种的荒野）

图2-2 杜能圈层理论农业区位模式

我国大部分城市周边的农村发展模式或多或少能反映出杜能圈的影子，应用到本研究中，环京津地区可以借鉴该理论对农业生产布局进行不同层次的规划，使功能布局更加合理。

二、城乡一体化理论

1858 年马克思在《政治经济学批判》中首次用到了"乡村城市化"一词，恩格斯认为城乡并不是对立的，应该消灭二者间的对立，他随即提出了"城乡融合"的概念，认为只有二者融合才能实现共赢发展，由此为城乡一体化这一理论奠定了基础。近年来，我国城镇化建设逐步深入发展，城镇化率不断提高。2015年，我国城镇化率已达到56.1%，这意味着我国已由一个农业大国向工业强国转化。在城镇化的进程中，城乡间经济、产业和劳动力等不断融合在一起。

环京津地区现代农业发展的一大特点是地理位置与京津接壤，在京津冀一体化和环首都经济圈中均占据重要的位置，这一特殊位置意味着城乡一体化的理念将更好地为促进环京津地区现代农业和农村发展服务，一是北京和天津作为直辖市起到以城带乡的作用；二是河北省环京津地区农业生产可以为城市居民提供新鲜时蔬和禽蛋等；三是河北省环京津地区还可以为周边居民提供休闲活动场所；四是农业发展可以吸引人才，拓宽就业渠道；五是现代农业可以充分利用周边城市的科技人才密集和高校科技成果集中的优势进行发展，六是现代农业可以通过对城市废弃物的消耗为城乡提供环境优美的生存空间。因此，以城乡一体化这一理论对现代农业发展进行指导有利于促进城乡间资源、产品、文化、科技、环境等的融合。

三、产业结构理论

亚当·斯密在《国富论》中提到了"产业"一词，产业结构的概念则是在20 世纪 40 年代提出的，费雪、C. 克拉克、列昂惕夫和库兹涅茨等都对该理论做出了贡献，其含义是指国民经济内部各产业间的比例关系以及相关关系。随着产业结构理论的提出和讨论，经济学家逐渐将目光转向产业结构的调整和演进过程。

英国经济学家克拉克提出了产业结构演进理论，他认为经济发展会导致劳动力逐步由第一产业向第二产业最后向第三产业转移，这一过程会导致产业结构随之逐步演变。因此，越发达的国家，第一产业人口比重越小；反之，比重则越大。该结论的得出不仅可以通过一个国家的时间序列数据分析归纳，同时也可以通过同一时间处于不同水平的国家间的截面数据进行印证。根据这一理论，可以得出以下结论：首先，现代农业产业链不断向纵深延长，农产品深加工将促进产业结构的升级，使该地区经济效益得到显著提高；其次，现代农业生产过程呈现工业化特点，体现在科技农业和设施农业等方面；再次，现代农业注重发掘服务业功能，由于先进技术应用于农业生产，使大量劳动力从田地作业解放出来，休闲农业、疗养农业等农业新功能的发掘为农村劳动力向服务业转移提供了更多的机会和岗位。

关于产业的演进模式，现有的研究主要归纳为三种：

（1）增长极理论。该理论认为大城市聚集发展会为周边地区提供一个集生产、科技、人才、贸易、信息、交通、服务等职能于一身的经济中心，该中心会起到类似磁石的作用，对周边地区产生辐射和扩散的作用，带动周边地区快速发展。

（2）梯度理论，指先进地区的优势产业会向下一级经济带转移，呈现梯度的形态。如发达地区的制造业由本土转移至较为落后的地区，并随着经济的发展进一步转移至劳动力成本更为低廉的地区。

（3）跨越发展理论，该理论提出越是经济落后的地区越有可能通过引进国内外先进技术的方式成为全国技术先进的地区，因此也就意味着该地区的产业实现了跨越式的发展。

随着环京津地区的现代农业发展，产业结构必然将由第一产业逐步向第三产业过渡。因此，开发产业链条，促进农业深加工业、信息服务业和休闲农业产业的发展将成为环京津地区现代农业发展的必然方向。

四、比较优势理论

大卫·李嘉图提出了比较优势的概念，他认为如果各国同类产品的成本比例不同，则不同国家存在比较优势，可以通过将产品在不同国家间交换的贸易方式取得收益。在成本差异的考量方面，他仅考虑到了劳动力差别，而没有考虑到资本和土地。因此，俄林提出要素禀赋论，通过资源配置理论对李嘉图的比较优势理论进行补充完善，认为区域经济发展需要依靠三要素的有效合理配置，通过发挥各自优势才能促进区域经济的快速发展。

对于环京津地区现代农业的发展研究来说，可以站在国民经济的视角对其农业产业进行比较优势研究，也可以对农业产业内部各产品进行比较优势研究。例如，由于环京津各个地区的自然资源禀赋不同，其各自都拥有不同的特色农业产业。另外，还可以在城市和农村之间进行人口、资源、科技的比较优势研究，通过对周边地区尤其是北京、天津和河北省其他地区经济要素进行衡量，分析环京津地区的优势产业。比较优势理论可以对环京津地区进行区域结构调整提供依据，通过调整布局的方式调整种植结构达到绿色生态农业的目的；通过着重生产附加值高的作物的方式提高经济效益；通过建设优质特色农产品基地的方式起到示范带头作用，带动周边农户实施标准化作业，发挥气候环境决定的特色农产品的优势；调整畜牧业布局和引进先进养殖技术，达到畜牧养殖现代化并提高生产效率。

五、技术创新理论

该理论由熊彼特首次提出。他将创新作为一种生产函数解释为生产要素和生产条件的新组合，其包含技术、组织、市场和产品创新等。由此又发展出了技术扩散理论，罗杰斯认为，扩散创新的过程是呈 S 曲线变化的（见图 2－3）。由图 2－3 可见，随着时间的推移，采纳创新的人群呈现速度不断加快到逐渐减小的过程。

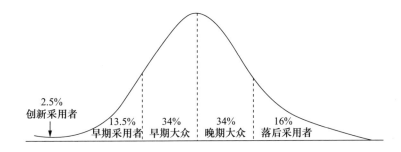

2.5%
创新采用者

13.5%　　34%　　34%　　16%
早期采用者　早期大众　晚期大众　落后采用者

图 2－3　创新扩散采纳者的分类

速水佑次郎和拉坦提出诱导性农业技术创新理论，他们认为现代农业的发展主要依靠农业生产率的不断提高，而技术进步决定了农业生产率的提高。他们指出，促进农业发展主要有四个因素，分别是资源、技术、文化以及制度因素。对于土地资源较为丰富而劳动力稀少的国家，应选择机械化技术。对于土地资源稀少而劳动力丰富的国家，应选择先进的生物化学技术。因此，无论在何种情况下，技术创新都是农业发展的核心因素。

从本书出发，发展环京津地区现代农业的核心问题是农业科技如何进行创新和推广。只有技术创新才能使农业生产要素、生产条件重新实现高效率的整合。通过技术创新可以改善环京津地区资源禀赋不足、生态环境脆弱的现状，并通过建设农业示范区的方式创建技术高地，使其促进技术扩散，带动周边农户。通过加强对新型农民的培育使科技运用更为高效。明确农业发展不仅依靠工业对农业的"反哺"和制度保护等措施，还应该依靠农业内部创新来提高市场竞争力。

六、产业集群理论

1776 年，亚当·斯密对劳动分工进行了阐释，他认为新的分工的出现除了会促进内部分工进一步细化之外，还会带动其他分工程度提高的需求，因此分工会在没有外力推动的情况下不断增强。分工的结果是专门化程度的提高，产业集聚是指一个地区由于具有比较优势的地理区位、资源禀赋等导致的经济行为集中在此区域内。并且，通过专业化分工会使这一产业集聚的现象得到加强和扩大，这就是产业集群的循环系统。1890 年，马歇尔在亚当·斯密理论的基础上论述了产业集群形成的机理，他认为产业集群在"产业区"聚集，该地区创新氛围浓厚，区域内企业是合作交流和有效竞争的关系，因此可以为企业提供以下几点好处：①有利于企业间信息和知识的传播；②该地区形成专门的劳动力市场，有利于就业率的提高；③专业化的生产模式可以带来中间产品；④企业之间共享基础设施等资源。1990 年，波特教授提出了产业集群这一概念，他在《国家竞争优势》一书中提出研究国家或地区的竞争优势可以通过产业集群的方法，产业集群有助于形成区域竞争力。

目前，环京津地区形成了不同特色的农业区域，农业产业集聚是实现现代农业生产的有效途径，研究环京津地区的现代农业发展，需要充分考虑到产业集聚和规模经营，使农业产业链不断向纵深发展。通过农业特色产业经营集聚科技人才、资源以及其他生产要素，有助于提高农民收入，实现该地区生态效益、经济效益和社会效益的最大化。

七、农业可持续发展理论

可持续发展是发展经济的前提，早在第二次世界大战后，20 世纪 40 年代的发达国家纷纷进入现代农业发展时期，那时的经济发展模式普遍以"高投入、高产出、高能耗"为主，人们在通过牺牲环境资源取得经济成果的同时也受到了大自然的报复，如英国烟雾、美国和西欧的酸雨，都对人类的生活环境造成了极大的危害，因此迫使西方发达国家认识到环境的重要并逐渐改善了以往的经济发展模式。然而近年来，众多发展中国家在追求经济效益的过程中不惜大规模地乱垦滥伐，造成水土流失现象严重，农药和肥料的大量使用使耕地退化、食品安全受到严重威胁。目前，在全球经济一体化的背景下，各国对农产品的要求日趋严格化、标准化，单一的依靠掠夺大自然的财富实现经济增长的短期目的的行为已经越来越不被人们接纳，可持续发展理念才是人类得以在生态系统中不断繁衍的基本生存之道。

农业可持续发展是由美国加利福尼亚议会于 1985 年审议通过的《可持续农业研究教育法》中首次提出的，其强调的是通过对人类自然资源的保护辅以先进的技术最终使农产品可以持续满足后代的需要。随后，农业可持续发展逐渐得到越来越多国家的组织和机构的重视。农业安全是一国之本，农业的发展顺利与否关系到国民经济的方方面面是否得以顺利运转，农业可持续发展这一理念使一个国家和地区将经济、社会、人口、资源以及环境的协调发展有机地结合在一起。环京津地区在京津冀一体化的方针政策引导下通过运用先进的科技装备，以生态经济的理念合理配置生产要素，最终实现人类与生态环境和谐发展，为该地区和其周边地区的粮食与食品安全服务。

第三章 环京津地区农业及经济社会
发展现状的分析

河北省地理位置优越，环绕京津，地貌多样，环京津地区主要包括张家口市、承德市、廊坊市、唐山市、保定市和沧州市。

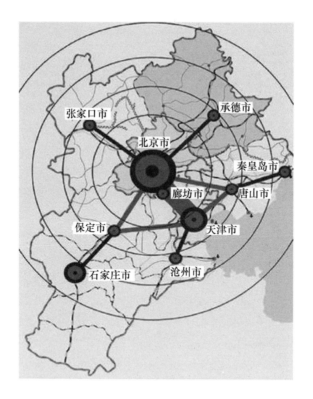

图 3-1 环京津城市示意图

张家口市地势险要，有"塞外山城"之称，其北部属坝上地区，位于内蒙古高原南缘，海拔 1300～1600 米，草原广阔，占张家口总面积的 35%。南部坝下地区海拔 500～600 米，多河川、盆地，占张家口总面积的 16.5% 左右，还有丘陵周边的深山区，海拔 1200 米，丘陵面积占张家口总面积的 11.9%，山区面积占 36.5%。

承德为华北平原和内蒙古高原的过渡地带，分坝上高原和冀北山地两类地貌，呈现出由西北向东南阶梯下降的地势。两地均紧邻北京。

廊坊地处京津之间，故有京津走廊之称，该地是环渤海腹地，在地理位置上拥有得天独厚的优势，其地形地貌为平原，交通便捷，城郊都市型农业是其现代农业发展的主要方向。

唐山东部沿海，海域面积占总面积的 20.94%，是环渤海区域的中心，在航运、物流方面有显著优势，盛产板栗、玉米、水稻等多种特色农副产品。保定与京津构成三角，具有悠久的文化历史，是中国辖县最多的地级市，县域经济特色明显。

沧州北靠京津，东临渤海，素有"武术之乡"的称号，金丝小枣、鸭梨等是其农业特色产业，水、土壤、气候条件、生物资源和森林覆盖率等自然环境资源、人力资源环境以及农业特色产业等共同构成了河北省环京津地区现代农业发展的基本条件。

第一节　环京津地区农业及经济社会发展的成就

一、乡村从业人员就业类型呈多元化发展趋势

如表 3 - 1 所示，近年来河北省环京津地区从事第一产业的乡村从业人员比重不断下降，而第三产业从业人员比重持续上升，由 2005 年的 14.8% 上升到了 2013 年的 18.2%，说明河北省环京津地区的乡村从业人员就业类型更加趋于多元化，并有向产业纵深方向发展的趋势。值得注意的是，第一产业对环京津地区 GDP 的贡献率不断下降，第一产业内部比重变化不大，作为北方粮食主产区，该区域粮食、水果和蔬菜等农作物产量均保持稳定增长，同时受到地理位置的影响，渔业产业发展势头良好。第三产业对带动 GDP 的影响作用最大，目前环京津地区在交通运输、住宿餐饮、房地产等诸多领域均表现出良好的势头。因此在加快第一产业人口转移的同时，环京津地区应加快第三产业人口增速，并以此推进城市化水平的不断提高。

表 3 - 1　河北省环京津地区各产业乡村从业人员

单位：人

	2006 年	2007 年	2008 年	2009 年	2010 年	2011 年	2012 年	2013 年	2014 年
第一产业	8758035	8562326	8466471	8352047	8246138	8114753	8237817	8160309	7902347
第二产业	4472821	4714741	4907197	5144750	5347423	5548663	5982796	6040500	6081848
第三产业	2444012	2513775	2641243	2695583	2792306	2885298	3066169	3166464	3091656

资料来源：根据中国统计出版社出版的 2006～2015 年《河北农村统计年鉴》数据整理计算。

二、农产品种类丰富，种养业发展潜力大

生物资源主要包括植物资源和动物资源两大类。

如表 3 - 2 所示，环京津地区稻谷面积和单产优势均较为明显，品质和市场较好，但近年来受向首都地区供水因素的影响，稻谷产量有所下滑。保定和张家口地区玉米品质优良，在坝下地已经形成规模生产的完整产业链。谷子单产和面积均较高，形成了冀张谷、张杂谷等品牌。廊坊的大豆和花生较为闻名。环京津地区小米长期占据北方杂粮市场。承德地区的高粱单产较高，其高粱产品的深加工如酒业发展势头较好，带动了当地经济的增长。张家口地区种植燕麦的面积较大，其原因主要在于燕麦的种植特性适宜当地的气候，因此燕麦成为张家口地区的特产。环京津地区的豆类单产较高，坝上的芸豆和崇礼蚕豆有广泛的国内外市场。环京津地区的烟叶生产区是河北省较大的烟叶集中生产区，其主要产品有中烟 101、云烟 85 等。药材也是环京津地区的特色产业，邢台与保定地区是我国药材的重要产地，近年来由于过度开采导致药材产量下降，但该地区仍然有党参、西洋参、柴胡、板蓝根等 20 余种药材产品，对当地农民增收起到了极其重要的作用。保定与廊坊地区的蔬菜种植规模和产量均较大，目前已销往以京津冀为主的北方市场和以华东地区为主的南方市场，有些产品还远销东南亚国家。另外，承德地区食用菌产量较高，其中野生食用菌主要分布在草原牧区，该地区海拔高、降水多、昼夜温差大，近年来由于过度开采，产量下降较多，但人工栽培菌类生产面积逐年扩大，对野生菌类起到了保护作用。

表 3 - 2　2014 年河北省环京津地区主要农作物播种面积及单位产量

单位：公顷，千克/公顷

作物名称	稻谷	玉米	谷子	高粱	大豆	薯类	烟叶	药材	蔬菜
面积	75503	1812303	63321	9564	78144	206709	2683	27042	760010
单产	8638.38	6106.7	3314.4	3740	2345.07	5296.14	2298.55	5414.98	64680.14

资料来源：河北农村统计年鉴 ［M］. 北京：中国统计出版社，2015.

作为京津地区的生态支撑区，环京津地区担负着京津两地绿色屏障的重要作用，尤其是冀北地区，2013年冀北地区造林面积111517公顷，占全省总造林面积的35%，其中防护林103746公顷，占总林业面积的93%，这为首都北京的绿色环境提供了坚实的森林屏障。经济林8424公顷，主要为苹果、梨、葡萄等树种。另外，承德还有5617公顷的用材林，主要分布在深山区，以落叶松、桦树、杨树等树种为主。森林对防范沙尘天气、提高生态质量起到了必不可少的作用。目前林业建设存在着分布不均、质量差异大的问题。对于环首都绿色经济圈建设所需要的绿化任务还很艰巨，目前土地沙化现象严重，使新建林成活率较低，难度较大。另外，还应注意增加栽培树木的种类，使林地种植与市场挂钩，完善市场机制，做到抓绿色的同时兼顾经济效益。2015年，河北省在环京津地区的廊坊、保定、沧州平原地区新增连片造林，面积达到100万亩，这对京津冀三地保持水土起到了良好的促进作用。

环京津地区的草地资源丰富，因其地形的多变可以划分为高原干草原、山地草甸、低湿草甸、灌木草丛等若干不同类型，其中山地草甸是草原旅游重点开发的地区。另外，为了"实施京津风沙源治理"，环京津地区还开发了人工草场，几年来，草场面积呈不断上升趋势。草原是草食动物生存的主要场所，通过对草原畜牧业的合理布局，环京津地区将生态效益与经济效益的平衡作为发展畜牧业的基本思路，按照需要进行划区轮牧，对保持草场面积起到了积极的作用。

环京津地区的牲畜饲养品种繁多，品质较好，牛、羊、马等牲畜的存栏量都较高，相关的奶类产品产量也较高，唐山肉类和奶类总产量均居全省第一。2014年，唐山、沧州的水产品产量分别居全省第一位和第三位，淡水产品资源较丰富，这与两地临海的地理位置是分不开的。因此，该地区的生物资源无论从数量和品质方面都有得天独厚的条件，养殖业发展潜力较大，只要提高重视程度，调整集约化程度，改善经营粗放的现状，加大科技和经费投入，必将提高农业产品的产量和质量。

三、经济总量持续上升

河北省2014年GDP在全国排名第六位，回顾近年来经济发展，"十五"期间，河北省的经济发展迅猛（见表3-3、图3-2），由2000年的9.5%增速到2003年的11.6%，又跃升至2005年的13.4%，达到高峰，2008年受到全球经济危机的影响，GDP增速有所回落，至2010年有小幅回升，目前河北省GDP增速已经降至9.6%，这与全国和北京GDP增速的发展轨迹是相似的，北京市十年来GDP增速均低于河北省，对比全国GDP增速这一指标，2005年河北省经济发展高于同期国内平均水平，而环京津地区的GDP增速同样高于同期全国平均水平。

然而就人均 GDP 这一指标，河北则低于全国平均水平，这说明河北省 GDP 尽管总量较大，但由于人口较多，人均 GDP 较低。近年来 GDP 发展变化的曲线说明河北省经济增长增速较快，目前河北省经济正处在震荡调整期。

表 3 - 3　北京、天津、环京津地区经济规模与增速

年份		2000	2005	2010	2011	2014
北京	GDP（亿元）	3161.7	6969.5	14113.6	16251.9	21330.8
	人均 GDP（元）	24127	45993	73856	81658	99995
	GDP 增速（%）	11.8	12.1	10.3	8.1	7.3
天津	GDP（亿元）	1701.88	3905.64	9224.46	11307.28	15726.93
	人均 GDP（元）	17353	37796	72994	85213	105231
	GDP 增速（%）	10.8	14.9	17.4	16.4	8.9
环京津地区	GDP（亿元）	2854.39	5627.89	11929.06	14311.78	16983.94
	人均 GDP（元）	8040.29	14708.75	31177.14	37308.64	40133.3
	GDP 增速（%）	10.01	14.13	15.01	11.02	4.2

资料来源：北京统计年鉴［M］．北京：中国统计出版社，2015；河北经济年鉴［M］．北京：中国统计出版社，2015．

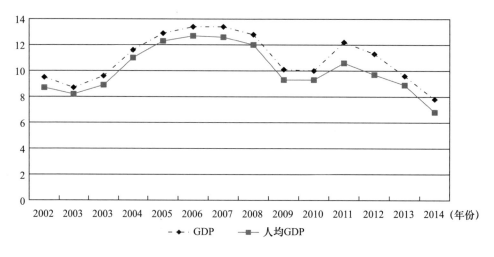

图 3 - 2　河北省 2002 ~ 2014 年 GDP 与人均 GDP 增速变化

资料来源：河北经济年鉴［M］．北京：中国统计出版社，2015．

随着多年来京津冀区域合作和区域联系的日趋紧密，环京津地区在经济发展和城镇化建设上都取得了长足进步。如图3-3所示，2006~2013年以来，环京津地区的GDP同样呈现震荡整理的态势，自2007年GDP增速达到高峰以来，开始出现下降趋势，尽管2010年和2011年GDP增速有所回升，然而自2011年以来，环京津地区的GDP增速持续放缓，由此可见步入"十二五"时期以来，环京津地区经济呈现整理态势。值得注意的是，从总体看，虽然增速放缓，但GDP数值仍然呈现较快增长的趋势，研究普遍认为目前中国经济总体均处在由过去的高速增长阶段过渡到中速增长阶段的发展时期，我国在2015年末进入年增长率6%~7%的平稳增长阶段。

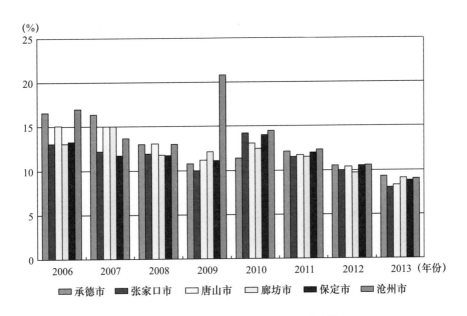

图3-3 环京津地区各市GDP增速变化

资料来源：根据2015年《河北经济年鉴》整理计算。

四、产业结构不断优化

对比环京津地区三次产业结构变化（见表3-4）可以看出，环京津地区进入"十二五"时期以来第一产业所占比例近年来均有所上升，第二产业所占比例有所下降，同时第三产业所占比例较为稳定。总体来说，近五年来，环京津地区的第三产业尽管有所发展，但发展速度较慢。

表 3 - 4　环京津地区 GDP 及三次产业结构

地区	年份	GDP（亿元）	第一产业（亿元）	第二产业（亿元）	第三产业（亿元）	产业构成比例（%）		
						第一产业	第二产业	第三产业
环京津地区	2000	2854.39	523.25	1372.25	958.89	18.33	48.08	33.59
	2005	5627.89	801.57	2994.23	1832.09	14.24	53.20	32.55
	2006	6485.81	873.97	3489.12	2122.71	13.48	53.80	32.73
	2007	7623.77	963.34	4105.65	2554.78	12.64	53.85	33.51
	2008	9345.04	1143.92	5086.33	3114.79	12.24	54.43	33.33
	2009	10511.89	1313.21	5860.64	3338.04	12.49	55.75	31.76
	2010	11929.06	1428	6364.18	4136.88	11.97	53.35	34.68
	2011	14311.78	1645.5	7942.43	4723.86	11.50	55.50	33.00
	2012	15604.79	1815.2	8571.84	5217.75	11.63	54.93	33.44
	2013	16570.73	1920.36	8973.06	5677.31	11.59	54.15	34.26
	2014	17261.37	1972.73	9078.83	6209.81	11.43	52.60	35.98

资料来源：根据 2001～2015 年《河北经济年鉴》计算整理。

　　对比河北、环京津地区的 2014 年产业结构比例（见图 3 - 4）可以看出，北京和天津相对于环京津地区而言第一产业所占比重较小，产业结构呈现显著服务化特征，第三产业所占比重最大，并且数据表明京津地区第三产业比重呈逐年上升。1990 年其第三产业比重约为 40%，1995 年约为 52%，2000 年约为 63%，2005 年约为 70%，2012 年约为 76.5%。通过进一步分析可以发现，北京和天津是典型的知识密集型地区，因此，文化、娱乐、居民服务、金融等行业较为发达。河北省的第一产业和第二产业所占比重较大，其"二、三、一"结构较为稳定，在京津冀一体化中承担着农业和工业基地的重要角色，而环京津地区的大部分地区第一产业所占比重明显高于河北省平均水平，说明第一产业在环京津地区经济发展中占据较为重要的地位，尤其是张家口、沧州和廊坊地区，其中张家口地区第三产业与第二产业所占比重几乎持平，而其他地区第二产业占据的比重均较大。

　　从河北省及环京津地区的第一产业内部构成进行细化分析（见表 3 - 5）可知，河北省是一个农业大省，其农业总产值位居全国第三位，同时其牧业位居全国第四位，相对而言，环京津地区的林业和牧业所占比重均高于河北省平均水平，优势较为明显，其中张家口的牧业产值所占比重较高，唐山渔业占比较高，沧州农林牧渔服务业占比重较高。

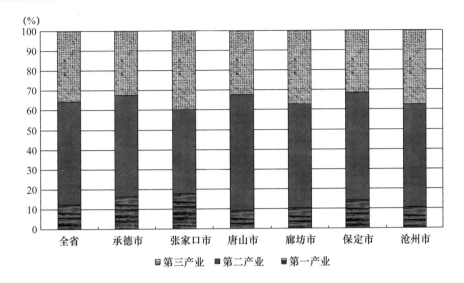

图3-4 2014年河北、环京津地区三次产业比重

资料来源：河北经济年鉴［M］. 北京：中国统计出版社，2015.

表3-5 2014年河北、环京津地区农林牧渔业总产值构成情况

单位:%

	农业	林业	牧业	渔业	农林牧渔服务业
河北省	57.61	1.80	32.56	3.19	4.84
环京津地区	54.45	1.64	35.45	4.13	4.33

资料来源：河北经济年鉴［M］. 北京：中国统计出版社，2015.

第二节 环京津地区现代农业发展存在的主要问题

　　河北省环京津地区紧邻京津，并处在京津冀都市圈的核心位置。因此，本研究对环京津地区现代农业发展存在的问题主要从"与河北省平均水平相比"以及"与京津水平相比"两个视角出发进行研究，以期为更好地实现京津冀一体化提供参考。

一、社会保障体系和农村基础设施建设普遍偏低

　　基础设施建设的完善程度体现了一个地区现代化水平的高低。河北省环京津

地区的农村基础设施建设情况如表3-6所示，由环京津地区在河北省内各地区的基础设施建设排名情况可以看出，目前保定地区的农村基础设施建设有待进一步完善，基础设施的完善为现代农业的发展提供了必备的基础硬件条件，可以使该地区的农民生活质量提高，同时体现了该地区的社会经济进步程度。

表3-6　2014年河北省环京津地区农村基础设施数量及比例

单位：个,%

地区	自来水受益村		通宽带村		通有线电视村	
	数量	比例	数量	比例	数量	比例
河北	44333	91.15	44692	91.89	37364	76.82
环京津地区	24173	90	24421	90.92	19883	74.03
其中：承德	1783	71.75	2147	86.4	2331	93.8
张家口	3378	80.91	2517	60.29	2604	62.37
唐山	4848	96.02	5026	99.54	4152	82.23
廊坊	3210	100	3210	100	2092	65.17
保定	5217	84.10	5784	93.25	2967	47.83
沧州	5737	100	5737	100	5737	100

资料来源：河北农村统计年鉴［M］.北京：中国统计出版社, 2015.

近年来，随着我国城镇化进程的不断加大，城乡教育事业、医疗卫生事业、公共文化事业、社会保障事业等方面均得以全面发展。"十二五"时期以来，河北省环京津地区在医疗保险、住房制度改革、工资制度改革等诸多方面都取得了显著的成效。

北京市作为中国的文化和政治中心教育优势明显，共有高等院校91所，2014年在学研究生人数约26万人，远超河北省的研究生人数，而河北省高等教育在校人数比较靠前的城市依次分别是石家庄、秦皇岛、保定市和唐山市，张家口和沧州地区在高等教育方面优势不显著。从2014年河北省及环京津地区在校生人数的对比来看，环京津地区高中人数明显少于初中人数，说明在完成九年义务教育以后，很多学生选择了辍学步入社会。从2015年《河北经济年鉴》的数据中显示的专业技术人员分布情况来看，河北省各类专业技术人员为33.33万人，其中沧州市为1.09/万人，排在全省倒数第一的位置上，因此沧州地区的教育事业有待进一步发展。区域教育发展速度对人口素质的提高和经济发展速度的加快是至关重要的。

从河北省的图书馆数据进行比较（见表3-7）可以看出，目前河北省的公共图书馆数量较多，但图书藏量远低于北京市，说明河北省的公共图书馆规模较小。相比之下，张家口与保定、沧州地区的图书馆的规模更小，平均每个图书馆约有藏书8.4万册，远不及北京市的109.72万册/馆。从卫生机构与床位数和卫生技术人员数的比例看，同样存在机构多但平均规模相对较小的问题，河北省平均卫生机构床位数与卫生机构数的比例仅为3.6张/个，卫生技术人员比例为4人/个，而张家口与河北省的平均水平几乎持平，这反映了河北省的医疗机构规模和医疗技术人员人数有待提高。随着各市医疗改革工作的不断深入，全省公共卫生服务水平有望进一步提高。自2003年起全国部分县市试点新型农业合作医疗，2010年"新农保"基本覆盖全国，2011年河北省基金收入52.5亿元，基金支出25.8亿元，结余累计为47.8亿元。但可以看出，环京津地区的六个市无论在馆藏图书还是卫生机构方面差距还是比较大的，其中廊坊在馆藏图书方面排名较靠前，唐山在医疗方面优势较为明显，而保定的名次普遍较为落后，应该在基础设施建设上狠下功夫，缩小与其他地区的差距。

表3-7　2014年河北环京津地区文化卫生机构分布情况

地区	公共图书馆（个）	公共图书馆图书藏量（万册/万人）	卫生机构数（个/万人）	卫生机构床位数（张/万人）	卫生技术人员（人/万人）
河北	172	0.29	10.68	43.73	47.63
环京津地区	88	0.26	11.57	43.05	47.10
其中：承德	11	0.26	10.63	49.86	50.04
张家口市	16	0.32	12.68	46.57	40.44
唐山	13	0.29	11.8	51.85	58.21
廊坊	10	0.48	13.18	39.71	46.86
保定	23	0.19	9.59	35.37	41.34
沧州	15	0.17	13.19	42.43	47.12

资料来源：河北经济年鉴［M］.北京：中国统计出版社，2015.

2011年，京津冀三地签署了《人才合作框架协议书》，为加快三地企业职工养老保险转移、人才引进机制以及社保合作等方面进行对接做出统筹安排。2012年河北省在《人力资源与社会保障事业发展"十二五"规划》中明确了社保体系的全面覆盖和保障服务水平的稳步提升。农村低保水平达到1969元/年，截至2012年9月，保障房入住8.98万套。但值得注意的是，唐山、邯郸和石家庄市的完成速度几乎达到了全省的50%以上，而承德地区入住套数仅为2269套，处于全省末位，在促进解决低收入居民住房难这一问题上亟待提高。

二、农业机械化程度不高，全要素生产率低下

表3-8　2014河北省及环京津地区机械化率

单位：公顷，%

	机耕面积	机播面积	机收面积	机耕播收综合机械化率
河北省	5432647	6623452	4988416	0.63
环京津地区	2873399	3344766	2257184	0.60
其中：承德	203283	179881	75596	0.40
张家口	551716	400086	239447	0.57
唐山	494568	542307	290229	0.55
廊坊	295981	335478	246432	0.61
保定	639075	885681	754771	0.59
沧州	719758	1024336	804035	0.72

资料来源：河北经济年鉴［M］．北京：中国统计出版社，2015．

从表3-8中的数据可知，河北省2014年机耕播收综合机械化率为0.63，而唐山地区机耕播收综合机械化率为0.55，承德机耕播收综合机械化率为0.40，环京津地区除沧州外机耕播收综合机械化率均低于河北省平均水平，环京津地区的机耕播收综合机械化率为0.60，说明环京津地区尤其是承德的机械化水平在省内处于中下游水平。机械化水平是一个地区提高生产效率的重要基础和保障，目前环京津地区的农业机械化程度还不高，应尽快普及机械化作业的劳动方式，为发展现代农业奠定基础。

目前，河北省环京津地区的农产品生产效率总体水平不高，地区间差异化程度较大，农产品效率的提高依赖于技术进步和综合效率的齐头并进，对于科技的投入，生产技术的研发、推广和应用均有较高要求。然而河北省环京津地区与周边城市间在科技方面的差距显而易见，其农业科技研发和推广体系建设不完善导致该地区在农产品生产效率和生产效益双重低下。

三、农产品市场环境较差

市场环境主要包括市场秩序、销售渠道以及资金获取的难易程度。

首先，在市场秩序方面，环京津地区面积较大，涉及乡镇较多，虽然已经做了大量管理工作，但仍然与京津地区有明显差距，由于对假冒伪劣产品的管制力度不够，因此在品牌形象方面难以与京津地区企业抗衡。

其次，目前环京津地区大部分农户采取的销售方式停留在农户直接进行市场销售的阶段，这种方式虽然比较灵活，并省去中间环节的费用，但由于农户对市场把握不准确，不能及时捕捉较快的市场情况变化，产品数量较大时也难以全部销售出去，而农产品作为时效性较强的产品如果形成滞销则容易造成产品的变质，容易让农户蒙受巨大的损失。另外，农户对自家销售的产品缺乏品牌意识，很少将目光停留在广告宣传等营销手段上，有些产品尽管销售到大江南北，然而却很难从包装上识别出标志清晰的商标，很难取得商誉为产品带来的品牌附加值。广阔的销售渠道可以为产品打开市场，使产品不仅可以在产地附近销售，还可以脱离地域限制，销售到更远的地方，摆脱同一地区商品同质化程度较高的制约，取得较高的收益。而要打开销售渠道，标准化的产品生产是不可或缺的，这就对农产品的质量要求有所提升，并要求产品具备较长时间的储存期，这些都需要现代化的科技手段予以支持。

最后，资金是企业的血液，然而，统计数据显示，河北省银行存贷比长期以来低于全国平均水平，2010 年低于全国 9%，低于天津 23%，说明河北省企业贷款较少，企业资金活力不足，尤其是中小型农业企业在信用担保体系方面的发展较为落后，没有形成较为完善和普及的多种出资形式的担保机构，这会造成企业融资能力弱，不利于农业企业做大做强。同时，也反映了河北省环京津地区的征信体系尚不健全，由于个人和企业的信用档案无法准确地共享并获取，不利于健全社会经济的各方面。

以上这些原因均导致环京津地区农业市场环境缺乏竞争力。

四、新型农民培育效果欠佳

环京津地区的劳动力资源培育体系仍需完善。

第一，城镇化进程导致失地农民数量庞大。随着经济发展速度的不断提高，城镇化进程迅猛发展，加之近年来房地产行业的持续升温，我国大量农用土地转作城市用地，根据《中国国土资源统计年鉴 2011》的数据显示，截至 2008 年底我国耕地面积已减至 12171.6 万公顷，1997 ～ 2008 年，中国耕地减少量为 1229.89 万公顷，伴随而来的就是失地农民这一庞大社会群体的产生。据预测，2020 年我国失地农民数量将突破 1 亿人，他们已经成为中国当前一个庞大的社会群体，其需求不容小觑。环京津地区同样存在大量失地农民，这部分人群需要第二产业或第三产业去消化，比如发展休闲农业，开展乡村游，或者在农业工业化企业从事农产品的深加工等，而劳动力资源要想适应新的工作环境必须加强后续教育，因此对这部分人群的培育不仅可以提高其就业能力，同时也能维护社会的稳定。

第二，城镇化协调发展需要新型农民的推动。我国城镇化发展速度虽然十分迅猛，但从深层次来看发展结构并不合理，仅仅注重规模外延的扩张而对于内涵的协调发展重视程度不够。以往广大农民习惯的粗放型生产经营方式不适应农地日益减少的现实情况。近年来随着民工潮不断涌入城市，留守在农村的大部分农民以受教育程度不高的老人和儿童居多，农业专门化教育程度相对薄弱，这不仅制约了农民增收，同时制约了农业现代化水平提高，制约了农村劳动力转移的层次。目前的生产方式需向精细化方向发展深入，如何在有限的用地上开展劳作，实现高效益、高产出、高收益的目标需要推进农村人才培养体系的构建。

第三，生态文明建设的价值诉求。党的十八大报告中提出将生态文明建设作为今后发展小康社会的重要位置，这说明了生态文明的建设符合广大人民群众的长期利益。目前，保护自然生态环境，不为谋取短期利益而破坏自然是我们未来发展国家经济乃至富民强国的根本要务，如果不注重生态文明建设，人民的健康甚至生存都将会受到严重威胁。而作为以土地资源、水资源、林资源等谋生的农民群体，如何有效地利用资源，优化资源配置，在可持续发展的基础上实现利益最大化目标关系到整个社会的平稳发展。粮食安全作为国家安全的基石需要得到稳定的保障，然而近年来由于城镇化速度提高，受有效耕地面积减少、工业化导致水土质量急剧下降等因素的影响，全世界范围内都出现了粮食紧缺的危急现象，加大科技投入是改善这一现状的重要手段。环京津地区的绿色主题呼唤现代农业生产必须在不以牺牲环境作为必要前提，然而以往的单一通过增加农药和化肥投放提高产量的做法已经严重地影响到了耕地水土资源乃至周边群众的生活环境，要想以环境保护为先，科技投入必不可少。通过提高现代绿色农业科学技术水平，使农业技术向低投入高产出的方向发展，如新肥料的发明不但使产量明显增加同时还降低了对环境的污染；节水灌溉技术较之以往的农田灌溉方法节约了50%以上的水，而效果反而有所加强，这些都为打造宜居的社会主义新农村发挥重要的作用。

2014 年，环京津地区乡村劳动力人数为 18508016 人，其中从事传统农业的人口数为 8160309 人，占该地区全部乡村劳动力的 44.09%，从事工业及建筑业的乡村劳动力占比为 32.63%，从事第三产业的劳动力共计 526137 人，占比为 17.11%，在从事第三产业的劳动力中，信息传输和相关服务业劳动力占到 1.57%，住宿及餐饮业等劳动力占比为 12.15%，科技服务业劳动力仅占比为 0.19%，这说明环京津地区在科技服务业中劳动力投入过少，这必将严重阻碍该地区现代农业发展的水平和速度。因此，应该加大对于该地区的科技及信息服务方面的投资力度。另外，乡村劳动力已不仅仅局限于传统的第一产业中，逐渐向第二产业和第三产业扩散，在此基础上，逐步演变成以第一产业为基础，兼具三次产业的产业群体，各种类型的合作组织穿插在农业生产的方方面面，其活动领域包含了金融、服务、餐饮、旅游等领域，共同带动现代农业的持续广泛发展。同时，农民的职业化教育需要信息化作为辅助媒介。农业是一个强调参与主体的产业，只有主体的知识层次提高，才能更好地带动现代农业加快前进步伐，提高信息化水平可以丰富教育职业农民的方式，例如通过增加网络授课的形式拉近科研院所与农民的距离，切实地使农民接受新知识，更好地更新和完善知识体系。

笔者将环京津地区在农民培育方面的不足归纳为以下几点。

第一，农业职业教育思想薄弱。农民作为一个实践性较强的工种，提升动手能力是关键，目前在我国中等职业教育地位农民得不到应有的重视，办学单位、教育部门在导向上都将侧重于学术性的高等教育作为发展目标，家长和社会长期以来灌输学生接受高等教育才是今后的唯一出路，广大群众在观念上将职业教育作为二等教育看待，即使子女接受了职业教育，仍然认为应选择离农的专业，认为将来能否离开农村是衡量教育成效的标准。正是这种不能摆脱传统思想束缚的现状使农村家庭培养出来的高素质人群大多放弃了与农业相关的专业，并最终放弃农村生存环境，选择走进城市。而城市家庭的子女由于从小远离农村生活环境在选择专业时受不愿意去农村工作的思想影响更不接受与农业相关的工作。

第二，现有农民培育模式存在弊端。我国传统教育模式大多采用满堂灌的形式，教师作为讲授者占据主导地位，学生作为被动接受的一方，课堂上互动较少，很难达到教学相长的效果，而农民培育应侧重于实践教学、应用式教学模式，如何在学习后运用到今后的生产实践中才是教学的主要目的。然而，目前很多地方政府在组织教学的过程中，往往注重形式而不重内容，将村里农民召集起来，不分年龄和受教育程度集中授课，不考虑不同人接受知识的能力差别。对于授课内容也千篇一律，不能因地制宜，往往与客观存在的问题脱节，有些教师直接将科研院所开发出来的新技术讲授给大家，虽然初衷是好的，但由于技术太新而不能让大家仅通过纸上谈兵的方式掌握授课内容。广大农民也难以将各项培训串联在一起在头脑中形成完整的体系。

第三，农业科技推广体系亟待提高。2012年中央一号文件将"农业科技"作为关键词，这反映了国家对于科技兴农的重视程度。目前，我国农业科研院所、技术推广体系及农民教育培训体系各自为政，目标不一致导致其很难统筹运行，农业科技成果转换率低。农业技术推广人员由于工资水平不高，工作环境差等，人心涣散导致数量无法保障，难以满足实际工作的需要。农业技术推广工作缺乏经费支持，有些农技推广单位甚至为了提升自身的福利待遇做起了农资生意，导致这些部门形同虚设，不能履行职责。农业科技推广体系不健全，机构不完善，往往从教农民学习技术、使农业增产等政府导向的目标为教学目的，不能切实从农民利益出发，忽视农民增收这一根本上改变农民生活质量的理念去组织培训，最终阻碍农技推广的良性发展。

五、适度规模经营条件不完善

传统农业向现代农业发展的必由之路是规模化经营，目前河北省环京津地区虽然进行了多种形式的尝试，然而却缺乏一套行之有效的政策支持，另外土地流转方面的问题也导致了规模经营所需的土地不能较好的落实。有些地区产品质量虽然很好，但由于交通成本高，没有形成标准化运输规模，使得运输成本较高，无法将产品及时卖出去获取收益。河北省环京津地区虽然建成了如高碑店新发地批发市场等大规模的市场，但仍然存在市场壁垒的问题，产品进场成本高、不能自由流通等问题困扰着周边地区的农户。目前，虽然政府出台了一些关于合作社的规章制度，但一些农民和基层干部对于合作社的概念理解不深，对其能享受何种优惠、对农民有何保障知之甚少，致使了农民更多地将合作社看成是协会，不能很好地融入其中，使其充分发挥作用。由于第一产业收益水平低的局限，使得大部分年轻劳动力流向第二、第三产业，真正从事第一产业生产的以老人和知识程度较低的妇女为主，大部分农户兼业经营的局面使得农户转出土地的意愿较低，阻碍了土地的集中进程。农村合作社内部也对其如何运行、如何分成、如何运转、各自应尽的义务和履行的职责不甚明晰，使得相当一部分合作社没有合适的发展出路，农民参与其中的积极性不高，效益不明显，使得合作社名存实亡。耕地的细碎化使得规模经营实施成本增大，耕地规模的提高有赖于土地流转制度的合理制定和实施，交易成本较高导致规模经营这一模式推广的进度停滞不前。

现代农业适度规模发展的重要表现形式是农业产业集群，产业集群的发展依赖于基础设施、现代农业园区和创新环境。

第一，目前河北省环京津地区基础设施建设虽然取得了一些成绩，但与北京政治文化中心和天津市港口、航空、物流中心的地位相比，仍然存在非常显著的差距。北京的现代农业产业集群集合了会展、旅游、物流、养老、度假等多个领域，并向高端化、信息化、智能化方面发展。河北省环京津地区的农业产业集群主要集中在农产品的播种、养殖和加工方面，融合其他高科技产业和概念的产业集群式发展仍显薄弱。

第二，现代农业的载体是现代农业园区，目前从园区数量看，沧州临港经济技术开发区和廊坊经济技术开发区是国家级经济技术开发区。唐山、廊坊、保定还拥有国家级产业园区，但从质量上看，其人才和科技含量的注入以及优惠力度的给予远不如京津地区的中关村产业园区和滨海新区。

第三，虽然河北省环京津地区的保定拥有省内众多高校，如河北农业大学、河北大学、河北金融学院、华北电力大学等，较河北省其他地区拥有较丰富的高层次人才体系，然而这一优势与京津相比仍呈现出明显差距。另外，从劳动力工资水平看，河北省环京津地区的农业人口年收入明显低于京津，同时也低于全国平均水平，科技研发投入少导致成果不足，同时新产品开发规模也较低，不能充分发掘农产品的附加值。

本章小结

河北省环京津地区地理位置优越，地形地貌涵盖的类型较多，乡村从业人员就业类型较为多元化，农产品种类丰富，种养业发展潜力较大，近年来经济总量呈现持续上升趋势，产业结构不断优化。

尽管该地区农业和农村经济取得了长足的进步，但其农业发展仍存在诸多问题，例如农村基础设施建设和社会保障体系薄弱，农业机械化程度不高，全要素生产率较低，农产品市场环境较差，新型农民培育效果欠佳，适度规模经营条件不够完善。

随着京津冀一体化进程的不断推进，河北省环京津地区无论在基础设施建设方面还是国家政策支持力度等方面都面临着重大发展机遇。河北省环京津地区应在已取得成绩的基础上克服困难，弥补不足，加速发展现代农业。

第四章 环京津地区现代农业发展评价研究

现代农业的发展水平评价是考量环京津地区现代农业发展模式是否有效的关键，只有对目前环京津地区现代农业发展的状况进行综合评估，才能有的放矢地对下一阶段如何组织现代农业生产提出可行性方案。因此，科学客观地评价目前环京津地区农业生产现状和对其生产中存在的问题进行深层次的剖析有利于为进一步明确现代农业发展方向提供以计量分析为基础的可靠数据支撑。

第一节 评价指标体系构建

一、构建思路

由于现代农业是涉及经济、社会、环境、资源等多方面的系统工程，具有较为复杂的层次性，选用单一指标往往很难对其发展水平进行评价。比如人均GDP，虽然简单易查，但其反映的信息有限，而复合指标则难以定量，例如人文发展指数等。因此，有必要运用指标体系综合两种指标的优缺点，从而较为全面地反映和评价现代农业的发展水平。

在确定指标时，应考虑到既能较翔实地搜集到统计资料又能较好地运用相关理论，尽量将体系分为若干类别，并在每一类别中扩大指标的覆盖面，以便通过该指标体系对环京津现代农业的发展情况做出较客观准确的评价。

首先对指标进行初选，本书在综合参考国内外研究成果的基础上，有针对性地根据目前河北省环京津地区发展绿色农业的现实要求并结合统计数据资料及实地调研的结果，根据预先分解的已设定的评价子目标，初选了若干指标。

其次对指标权重进行确定，目前常用的方法大致可以分为两大类，主观赋权法和客观赋权法，其中主观赋权法主要包括经验估算法、意义推求法、统计调查法、层次分析法等几类。客观赋值法主要有因子分析法、主成分分析法、回归系数法等几类，由于客观对指标权重进行赋值的方法可以最大限度地降低人为主观心理因素对结果造成的影响，因此本书拟通过因子分析法计算权重。

最后通过确定的权重对指标体系进行综合评价。

二、指标体系构建的原则

第一，整体性原则。现代农业区别于传统农业的主要特征是在兼顾生态环境的同时为居民提供集安全、卫生的食品、休闲观光和教育体验于一身的社会活动场所。因此，笔者认为在选取评价现代农业的指标时应从人口、资源、环境、经济和社会等方面进行综合考虑，充分反映其作为社会综合体的有机整体性，孤立地从任何一个方面评价现代农业都是不科学的。这并不意味着要将许多的指标包含于体系之中，只需在大类中选取有代表性的指标即可。剔除意义相近和重复的指标，因为盲目地选取过多的指标会导致数据搜集和整理工作加大，并干扰评价结果的有效性。

第二，层次性原则。在考虑到现代农业作为一个整体的同时，应系统地对现代农业包含的内容进行梳理，使指标体系分为若干个既相互独立又相互联系的子层次。下级指标比上级指标涵盖的内容细化，这样可以使每个指标体现的意义明晰，避免某些指标所反映的上级指标过于重复，而另一些指标没有得到很好的评价。同时，通过系统分层的方式还有利于对系统内部所包含的各个层次进行分别评价，明确各个方面的重要程度。

第三，实用性原则。在设计评价现代农业发展水平的指标体系时，要考虑到各个指标间的内部联系，使其在不重复和有代表性的基础上具有可操作性。通过对关键指标的筛选，结合指标数据是否方便获取以及计算口径是否一致等问题进行考量，选取公开权威的数据资料作为研究基础，对于那些不利于取得数据或对数据较易产生争议的指标不予以采纳。这样便于对研究对象本身以及其他与该对象相关的对象间进行相互比较。

第四，可比性原则。考量现代农业发展水平状况，应兼顾横向可比性和纵向可比性，因此在制定指标体系时，应多用相对数指标，少用绝对数指标，尽量多选用通用性指标，少选用适用性较弱的指标，以便其评价结果在不同区域间进行比较。

第五，导向性原则。评价目前现代农业发展成效不是建立现代农业水平评价系统的唯一目的，通过对指标系统的评价为今后服务于现代农业发展的部门及各相关群体提供可行性建议的具体依据才是建立评价体系的最终目的。所以选取的指标应该具有较为明确的导向性，便于为政府部门提供制定政策的依据，为经营管理者提供未来的发展重点和方向，指导投资人明确投资决策的依据，为农村从业人员从事可持续发展的现代绿色农业需要注意的方面提供参考。

第六，动态性原则。现代农业的发展是循序渐进的，其要求也是不断发展变化的。因此，在设置指标体系时应考虑到未来发展的需要，不应只考虑短时间有效的指标，应该尽量选取能对一段时期现代农业的发展趋势提供量化的指标，以便促进现代农业良性发展。

三、指标的选取

目前关于现代农业发展水平评价指标体系的建立，国内外现有文献研究中选取的指标不尽相同。例如，徐贻军（2009）将指标分为农业投入和产出水平、农业科技水平、农业产业化水平、农业支持保障水平、农业经济结构指标、农民生活质量指标、农业资源水平等方面；聂华（2010）、王晋臣（2012）将指标分为农业投入水平、产出水平、农村社会发展水平和农业可持续发展水平几类；侯胜鹏（2013）将指标分为农业基础设施及装备水平、农业教育与信息服务水平、农业生产力及经济发展水平、农村生态环境水平和政府信贷扶持力度水平。尽管不同学者在进行指标分解的时候采取了不同的分组方式，但在综合参考文献的研究过程后，笔者认为其研究的主要目的大多集中在体现农业投入、产出和可持续发展能力的水平评估上，因此这些关乎现代农业焦点问题的指标势必应包含在指标体系的选取中。本研究参阅大量文献资料并综合运用专家咨询、频度统计等方法在反复探讨以后，考虑到本研究中针对的县级数据获取的难易程度最终确定了使用频率较高、适用性较强的具体指标组成的指标体系，拟对环京津地区的现代农业发展水平进行评价，如表4-1所示。

表4-1　现代农业发展水平综合评价指标体系

一级指标	二级指标	三级指标	序号
现代农业发展水平（A）	支撑力指标（B_1）	城镇化率	1
		第一产业增加值	2
		地方公共财政预算收入	3
	驱动力指标（B_2）	社会消费品零售总额	4
		固定资产投资额	5
		居民储蓄存款余额	6
		单位面积农业机械总动力	7

一级指标	二级指标	三级指标	序号
现代农业发展水平（A）	凝聚力指标（B₃）	新型农村合作医疗参保人数比例	8
		新型农村社保养老人员参保比例	9
		农村居民人均可支配收入	10
		医疗卫生支出占公共财政预算支出比重	11
	创新力指标（B₄）	教育支出占公共财政预算支出比重	12
		从事第二、第三产业占乡村从业人员比重	13
		设施农业占总耕地面积比重	14
	辐射力指标（B₅）	乡村户均拥有民用汽车比例	15
		通宽带村所占比例	16

四、评价指标详解

（一）城镇化率

城镇化是农村人口向城镇人口转换的过程，但城镇化并不仅仅是人口的转移和集聚，也表现在整个社会产业结构、生活方式等方面的转变。从经济角度看，城镇化是由农村自然经济向城市社会化生产转变的过程。总体来看，城镇化是一个地区由乡村社会转变为现代城市社会的过程，体现了经济的进步。随着"三农"工作的不断推进，城镇化与现代农业同步发展成为城乡一体化发展的重要标志，城镇化率也体现了现代农业的发展水平。

（二）第一产业增加值

从三次产业划分角度看，第一产业主要指以农业为主的各产业，第一产业增加值体现了以农业为主的产业较前一年的增长值，其是一个正指标，体现了一个地区现代农业的发展水平。

（三）地方财政公共预算收入

地方财政公共预算收入体现了一个地区政府以管理者身份筹集到的用于保障和维持该地区行政职能运转及改善民生的财政收入，因此这部分收入可作为该地区现代农业发展的有力保障，被笔者列入现代农业支撑力指标。

（四）社会消费品零售总额

该指标值是指批发和零售业、住宿和餐饮业以及其他行业直接售给城乡居民及社会集团的消费品零售额。该指标值较高，一般表明该地区经济较为活跃，这为现代农业发展提供了有利环境，因此是驱动力指标。

（五）固定资产投资额

该指标反映了一个地区固定资产投资的速度和规模，也体现了一个地区的经济环境，同样可以作为现代农业的驱动力指标进行考量。

（六）居民储蓄存款余额

该指标体现了居民结存的收入，存款数额提高往往意味着收入的提高，也体现了一个地区的经济环境，因此可以作为现代农业的驱动力指标。

（七）单位面积农业机械总动力

机械化生产是现代农业的主要特征，其体现了农业生产的物质基础装备，单位面积农业机械总动力这一指标体现了机械使用的强度，这是一个正指标。其计算公式为：农业机械总动力/耕地面积。

（八）新型农村合作医疗参保人数比例

该指标体现了一个农村地区的社会保障水平，这一指标越高意味着农村社会保障程度越高。

（九）新型农村社保养老人员参保比例

该指标体现了一个地区的农村社会保障水平，这一指标越高意味着农村社会保障程度越高。

（十）农民居民人均可支配收入

该指标可以通过年鉴直接获取数值。纯收入是指扣除各项费用性支出以后的最终可供农民支配的收入，这一指标既直接体现了一个地区的经济发展信息，又体现了现代农业的发展水平，因为现代农业越发达的地区农民可支配收入就越高。

（十一）医疗卫生支出占公共财政预算支出比重

医疗卫生支出占公共财政预算支出的比重体现了该地区对于医疗卫生的重视程度，为现代农业发展提供了社会保障，因此是体现现代农业水平的凝聚力指标。

（十二）教育支出占公共财政预算支出比重

教育支出占公共财政预算支出的比重体现了该地区对于教育事业的重视程度，为现代农业发展提供了科技原动力，科技是创新力的保障，因此是体现现代农业水平的创新力指标。

（十三）从事第二、第三产业占乡村从业人员比重

现代农业的重要标志就是乡村从业人员由过去的传统农业领域逐渐向第二产业、第三产业转移，这也体现了现代农业产业链的延伸，因此从事第二、第三产业的人员占乡村从业人员的比重越高，则意味着现代农业发展水平越高。

（十四）设施农业占总耕地面积比重

设施农业是以人造设施作为投入的现代农业产业方式，其以设施和技术作为基础，辅以先进的管理方法并最终产生效益，使现代农业走上工厂化生产之路。

设施农业占总耕地面积比重为正指标，体现了设施农业的普及程度。其计算公式为：设施农业面积/总耕地面积。

（十五）乡村户均拥有民用汽车比例

乡村户平均拥有民用汽车的比例体现了乡村农户的家庭经济状况，同时汽车作为代步工具既可以方便人们的出行，更可以方便农户从事生产经营，这一指标值越高，意味着该地区现代农业的辐射力越强。

（十六）通宽带村所占比例

这一指标值体现了农业信息化程度。信息化是现代农业发展的必备条件，因此选取这一指标作为现代农业的辐射力指标。

第二节　指标体系的权重确定

总结目前有关确定权重系数的研究方法，大致分为以下三大类，即主观赋权法、客观赋权法和主客观相结合赋权法。其中，主观赋权法主要包括层次分析法、德尔菲法、二项系数法、频度统计法等，其优点在于可以通过专家的经验对实际问题展开有针对性的分析并有效确定权重的顺序，但主观赋权法的缺点在于难以精确地反映权重值。客观赋权法包括主成分分析法、信息熵法、判别分析和因子分析法等，其优点在于较少受到人为因素的干扰，避免产生不必要的偏差，结果较为客观。主客观相结合赋权法可以规避两种方法的局限性，使其作用得到最大的发挥，在具体问题的分析上可以做到客观反映专家的意见，例如将层次分析法与信息熵法相结合用来确定权数。

一、主要评价方法选择

德尔菲法主要适用于不易于运用数学模型对客观问题进行度量的情况。在此种情况下，利用专家的经验对指标体系的重要程度进行衡量并最终确定相应的权数。该方法一般通过匿名评价以及数轮的修正进行确定，第一步是确保各个专家在评价时相互独立；第二步运用匿名的方式记录各个专家的赋权信息，然后将全部结果反馈给各位专家，使其依据其他专家给出的权数进一步修改自己的结果，这一反馈的过程反复循环并最终符合要求；第三步是综合各指标值所有被赋权的平均值。此种方法属于调查统计法。

AHP层次分析法是定性分析和定量分析相结合的方法，首先将目标问题作为一个系统进行分解，得出多个层次；其次根据专家意见对各个层次内因素的主次程度加以分析，通过建立判断矩阵得出其各自的重要性权重；再次计算该层次对于总体的组合权重；最后测试层次总排序是否通过一致性检验。该种方法既考虑到了专家的意见又注重数量分析，属于一种较为客观的调查统计法，适用于结构复杂并且量化较为困难的情况。

DEA 法是一种应用于多输入和多输出的决策问题的统计方法。该方法对多输出的问题尤其适用，本研究属于多输入要素问题，因此不太适宜采用 DEA 方法。

熵值法是指权重的确定通过指标体系中的各个指标为决策人提供信息量多少的方法。

因子分析（主成分分析法）是一种定量分析方法，该种方法通过对数据库求因子贡献的方法进行权重的确定。它可以用相关性较强的因素归纳为少数因子简化的描述复杂系统问题，通过对少数因子的权重计算，总结归纳目标问题结论。该方法采用的是降维的思路，使目标问题更易于解释，并且剔除掉了人为的主观因素，使研究结论更加客观。本研究中涉及的目标问题是衡量河北省各个地区的现代农业发展水平，其中评价指标体系一共选取了五大方面 16 个指标，尽管 2015 年的《河北农村统计年鉴》中将河北省环京津地区按照自然行政区划分为 77 个区域，然而笔者从本研究若干年资料的延续性和可比性以及资料搜集过程中剔除掉缺失数据较多的地区角度出发，将定州市、广阳区、安次区、开平区、曹妃甸区、丰南区剔除，剩余 71 个县（市）作为调查对象。本研究将指标值进行 KMO 检验和巴特利特球度检验，完全符合因子分析和主成分分析的方法。

二、河北省现代农业发展水平的主成分分析

现代农业是一个发展变化、不断进化的动态过程，在不同时代或者同一时代的不同发展时期，现代农业的指标都在不断发展变化。本研究考察的是当前环京津地区现代农业的发展水平，因此以 2015 年的《河北农村统计年鉴》数据为基本资料进行分析，力求衡量出目前满足现代农业绿色环保、安全高效现实要求的发展程度。具体的处理分为如下几个步骤，首先将数据进行标准化，得到标准化后的指标值（见表 4-2、表 4-3），然后运用 SPSS 软件对指标体系中的数据进行因子分析。如表 4-4 可知，KMO 值为 0.818，大于 0.80，非常适合做因子分析。如表 4-5 所示，前面四个公因子所代表的特征值大于 1，且累计方差贡献率达到 70% 以上，因此可将这四个因子作为公因子，得到各公因子对各变量的因子载荷，如表 4-5、表 4-6、表 4-7 可知主成分得分系数，通过系数可求得各指标值权重（见表 4-8），最终通过因子权重和方差贡献率占总方差贡献率的比重加权求和得到综合评分值，并求得河北省环京津地区各县区及各地区现代农业发展水平因子得分及排序，如表 4-9、表 4-10 所示。

表 4 - 2 河北省环京津地区各县现代农业发展水平指标体系指标值（一）

地区	城镇化率（%）	第一产业增加值（%）	地方公共财政预算收入（万元）	社会消费品零售总额（万元）	固定资产投资额（万元）	居民储蓄存款余额（万元）	单位面积农业机械总动力（千瓦/公顷）	新型农村合作医疗参保人数比例（%）
承德县	32.50	108.20	94190.00	433271.00	1570935.00	955198.00	7.74	82.48
兴隆县	33.86	106.50	57201.00	409116.00	1336152.00	841993.00	32.35	82.19
平泉县	40.51	103.20	96236.00	487487.00	1612916.00	1202074.00	10.19	74.87
滦平县	37.88	108.10	88211.00	367027.00	1583577.00	796867.00	15.64	97.79
隆化县	36.35	105.10	48690.00	352088.00	1316509.00	810883.00	8.85	91.19
丰宁县	32.53	102.70	66151.00	352389.00	1546179.00	820908.00	7.69	96.05
宽城县	43.01	102.90	90391.00	353672.00	1575432.00	1047732.00	11.14	85.42
围场县	32.75	104.00	43237.00	384970.00	1025000.00	847225.00	8.23	87.85
宣化县	30.33	105.30	34509.00	291531.00	1147647.00	726258.00	4.32	83.86
张北县	40.57	104.80	64385.00	237576.00	1024425.00	567561.00	3.84	114.67
康保县	33.68	104.30	17312.00	165452.00	464933.00	240679.00	3.39	88.07
沽源县	31.48	104.50	26063.00	138419.00	648274.00	278520.00	5.73	94.12
尚义县	30.44	104.80	13350.00	102401.00	164875.00	237454.00	2.54	80.28
蔚县	35.34	103.20	51609.00	370931.00	752324.00	1195360.00	4.76	85.24
阳原县	35.34	105.30	25661.00	232624.00	422822.00	544390.00	2.70	77.71
怀安县	37.88	105.00	32446.00	201784.00	839402.00	523300.00	3.28	77.04
万全县	48.15	102.20	38551.00	220471.00	783556.00	482086.00	5.81	89.25
怀来县	45.27	104.10	116537.00	439086.00	1131690.00	1114514.00	9.34	94.95
涿鹿县	38.14	105.80	47318.00	309987.00	1104135.00	761770.00	7.59	98.31
赤城县	33.48	108.60	47367.00	190881.00	849808.00	613959.00	5.79	87.06
崇礼县	38.13	105.60	39500.00	91775.00	737885.00	249492.00	5.38	94.47
滦县	43.04	104.90	150002.00	1247863.00	2757177.00	1734718.00	13.31	87.95
滦南县	42.97	103.70	95000.00	1478749.00	2132322.00	1444296.00	10.87	88.96
乐亭县	44.41	103.50	100117.00	1088503.00	1390937.00	1774852.00	11.76	92.75
迁西县	42.76	105.40	100212.00	888421.00	2035970.00	1746480.00	20.72	89.18
玉田县	42.95	102.50	93262.00	1166821.00	2391670.00	2446454.00	9.73	99.99
遵化市	49.64	101.00	111051.00	1796871.00	2583692.00	3033267.00	22.73	87.46
迁安市	52.79	103.40	350861.00	2033814.00	5261108.00	4391813.00	36.99	108.67

续表

地区	城镇化率（%）	第一产业增加值（%）	地方公共财政预算收入（万元）	社会消费品零售总额（万元）	固定资产投资额（万元）	居民储蓄存款余额（万元）	单位面积农业机械总动力（千瓦/公顷）	新型农村合作医疗参保人数比例（%）
固安县	48.34	102.70	254137.00	429363.00	1505494.00	1453798.00	14.00	94.51
永清县	36.57	105.80	61973.00	389274.00	1129501.00	796674.00	17.87	95.94
香河县	57.33	97.50	266010.00	637055.00	1552977.00	2032247.00	13.08	87.48
大城县	42.88	102.40	60626.00	544512.00	1273322.00	1559984.00	13.31	90.33
文安县	47.14	98.40	64341.00	557016.00	2324086.00	1661667.00	12.77	95.39
大厂	52.13	100.40	149849.00	168859.00	1059758.00	695411.00	18.58	93.04
霸州市	52.10	102.80	169794.00	1089233.00	2492097.00	2625225.00	19.75	99.46
三河市	60.93	104.00	655417.00	1326910.00	4285536.00	3745874.00	17.66	95.50
满城县	40.98	103.40	37016.00	483987.00	710672.00	1145415.00	13.98	97.24
清苑县	34.72	102.80	36721.00	576803.00	1113692.00	1275436.00	9.05	69.18
涞水县	38.30	104.90	43091.00	265438.00	978186.00	824287.00	8.96	84.26
阜平县	29.83	104.20	21237.00	161074.00	468629.00	483201.00	23.59	84.84
徐水县	39.96	103.00	88055.00	719751.00	1393872.00	1538348.00	12.37	89.88
定兴县	34.94	101.50	43569.00	526279.00	1113170.00	1033999.00	7.54	84.74
唐县	25.83	104.80	24518.00	278706.00	620120.00	1251526.00	12.09	86.62
高阳县	35.19	103.30	48434.00	472363.00	582657.00	1021590.00	4.96	83.32
容城县	41.97	100.30	34318.00	366779.00	544227.00	732078.00	15.19	89.90
涞源县	38.40	92.30	56327.00	151637.00	701113.00	580101.00	8.57	84.46
望都县	37.32	106.80	18524.00	182087.00	478028.00	666100.00	9.30	95.42
安新县	38.80	99.00	30494.00	415738.00	766946.00	916780.00	10.96	85.94
易县	26.86	107.10	36908.00	389939.00	1161171.00	1158476.00	6.01	82.89
曲阳县	31.90	99.90	31479.00	352281.00	388766.00	837281.00	13.78	89.22
蠡县	34.50	102.70	32378.00	576703.00	459907.00	1159543.00	10.42	85.70
顺平县	28.88	105.30	21292.00	245462.00	392574.00	617545.00	13.49	85.64
博野县	37.37	103.40	18255.00	201808.00	418629.00	495744.00	9.77	116.82
雄县	41.86	101.10	39878.00	437976.00	714237.00	860712.00	7.77	82.24
涿州市	51.43	100.20	162297.00	1186901.00	1713862.00	2487015.00	7.08	95.68
安国市	41.01	102.20	40072.00	657262.00	1092006.00	1212086.00	11.67	98.37

续表

地区	城镇化率（％）	第一产业增加值（％）	地方公共财政预算收入（万元）	社会消费品零售总额（万元）	固定资产投资额（万元）	居民储蓄存款余额（万元）	单位面积农业机械总动力（千瓦/公顷）	新型农村合作医疗参保人数比例（％）
高碑店市	45.14	98.20	86382.00	527048.00	1111993.00	2318963.00	6.18	93.00
沧县	20.82	100.50	64999.00	879213.00	1738347.00	1215546.00	12.32	90.77
青县	49.60	101.90	51624.00	554402.00	1597056.00	1219162.00	10.25	97.17
东光县	48.00	100.20	54502.00	340297.00	1122013.00	1088426.00	8.81	92.20
海兴县	36.00	101.90	26843.00	120432.00	445899.00	395784.00	9.61	93.86
盐山县	38.02	101.50	42440.00	398097.00	1531281.00	756834.00	9.26	96.38
肃宁县	43.66	103.10	117460.00	346181.00	1623834.00	1063801.00	12.94	93.67
南皮县	39.81	102.90	38192.00	266396.00	1117465.00	764048.00	14.24	97.57
吴桥县	41.54	101.50	27291.00	219154.00	874917.00	741230.00	8.43	98.59
献县	34.28	100.10	55540.00	394777.00	1689684.00	1253960.00	7.87	97.32
孟村	45.50	104.80	31503.00	230146.00	925293.00	450475.00	9.79	93.14
泊头市	50.10	99.40	68358.00	826745.00	1709739.00	1768523.00	17.34	89.22
任丘市	56.70	99.70	245295.00	1616633.00	1482515.00	3532978.00	10.96	96.62
黄骅市	56.56	105.00	117705.00	871443.00	2071260.00	1574253.00	12.53	88.66
河间市	32.83	105.60	99322.00	1103785.00	1722061.00	2317973.00	10.97	95.98

资料来源：根据2015年的《河北农村统计年鉴（2015）》《河北省统计年鉴》计算得到。

表4-3 河北省环京津地区各县现代农业发展水平指标体系指标值（二）

地区	新型农村社保养老人员参保比例（％）	农村居民人均可支配收入（元）	医疗卫生支出占公共财政预算支出比重（％）	教育支出占公共财政预算支出比重（％）	从事第二、第三产业占乡村从业人员比重（％）	设施农业占总耕地面积比重（％）	乡村户均民用汽车拥有量（％）	通宽带村所占比例（％）
承德县	53.54	7375.00	11.52	17.21	40.70	1.38	26.06	34.42
兴隆县	59.28	8131.00	9.69	16.20	35.57	2.52	35.59	43.56
平泉县	56.02	8197.00	9.85	25.15	46.93	9.47	23.57	34.49
滦平县	59.54	6435.00	9.30	21.79	55.57	6.30	32.25	36.00
隆化县	60.61	5905.00	11.76	24.53	36.75	0.93	23.73	25.31
丰宁县	61.67	5544.00	8.28	16.64	36.00	0.73	24.43	26.56

续表

地区	新型农村社保养老人员参保比例（%）	农村居民人均可支配收入（元）	医疗卫生支出占公共财政预算支出比重（%）	教育支出占公共财政预算支出比重（%）	从事第二、第三产业占乡村从业人员比重（%）	设施农业占总耕地面积比重（%）	乡村户均民用汽车拥有量（%）	通宽带村所占比例（%）
宽城县	52.37	8636.00	10.96	16.71	54.42	3.25	40.63	45.45
围场县	58.44	5742.00	10.24	15.61	26.17	0.53	27.12	34.90
宣化县	61.88	8584.00	8.86	19.59	40.79	0.96	12.24	51.78
张北县	84.95	6859.00	9.48	17.52	38.38	0.64	25.83	29.98
康保县	46.78	6574.00	11.54	12.32	33.60	0.08	15.05	12.79
沽源县	50.06	6522.00	10.32	10.38	21.24	0.07	31.04	34.81
尚义县	52.72	5985.00	9.87	17.40	31.12	1.62	14.37	13.64
蔚县	55.10	6648.00	13.48	23.57	33.38	0.79	38.91	17.12
阳原县	54.00	6198.00	10.05	19.71	40.01	0.11	21.56	20.87
怀安县	52.31	7119.00	10.16	20.70	38.84	2.65	10.63	23.48
万全县	63.50	6435.00	10.56	18.18	32.57	1.66	42.68	20.10
怀来县	56.44	11099.00	15.55	20.94	38.71	0.44	8.09	30.76
涿鹿县	67.64	8134.00	10.29	15.96	26.47	2.08	16.64	32.01
赤城县	59.89	6877.00	10.59	17.60	32.33	1.06	33.84	16.68
崇礼县	65.89	6840.00	6.10	9.96	34.87	11.47	6.04	26.60
滦县	63.41	12484.00	11.61	23.65	59.63	1.78	93.53	78.69
滦南县	65.07	10856.00	13.70	24.13	38.73	6.41	67.72	58.41
乐亭县	70.49	12528.00	13.36	21.30	55.39	16.90	44.23	49.02
迁西县	60.87	12626.00	15.14	16.94	57.21	0.98	40.06	52.53
玉田县	69.83	12259.00	12.97	23.99	73.94	2.66	57.13	54.50
遵化市	52.80	12264.00	14.42	25.19	66.53	1.36	42.10	45.75
迁安市	59.48	17125.00	11.51	23.86	79.95	6.01	129.89	87.99
固安县	56.62	11479.00	6.74	20.45	22.83	11.31	83.25	68.65
永清县	66.52	11285.00	13.18	19.71	38.12	10.06	99.86	52.63
香河县	71.44	12864.00	8.87	14.81	61.66	7.13	99.21	86.37
大城县	69.94	11047.00	15.02	20.36	47.16	2.46	76.04	63.00
文安县	62.80	12093.00	10.92	22.79	64.13	0.55	89.24	71.41
大厂	63.41	12082.00	7.11	17.01	64.88	6.76	140.57	107.35

续表

地区	新型农村社保养老人员参保比例（％）	农村居民人均可支配收入（元）	医疗卫生支出占公共财政预算支出比重（％）	教育支出占公共财政预算支出比重（％）	从事第二、第三产业占乡村从业人员比重（％）	设施农业占总耕地面积比重（％）	乡村户均民用汽车拥有量（％）	通宽带村所占比例（％）
霸州市	62.15	12602.00	13.27	21.97	73.55	1.37	123.17	89.16
三河市	61.62	13746.00	10.44	17.19	63.76	4.02	97.58	119.01
满城县	56.70	11426.00	16.61	20.47	39.71	3.91	53.70	55.74
清苑县	46.50	12153.00	18.38	22.28	43.77	1.11	46.97	46.22
涞水县	62.39	6656.00	10.75	16.66	35.05	1.46	35.62	44.29
阜平县	62.49	5150.00	7.38	12.08	30.84	0.43	34.49	36.87
徐水县	65.45	11781.00	13.41	27.76	47.80	5.62	46.82	56.47
定兴县	51.49	10527.00	16.31	28.14	53.52	2.98	35.38	34.15
唐县	55.92	5073.00	16.54	23.02	40.56	2.32	33.41	36.74
高阳县	61.17	12560.00	13.02	20.04	58.64	0.03	62.94	67.23
容城县	68.39	12308.00	13.41	26.62	64.58	1.31	50.26	51.49
涞源县	61.25	4859.00	10.17	20.08	28.21	0.40	23.61	37.14
望都县	48.24	9195.00	13.29	20.08	31.47	0.82	47.72	60.11
安新县	53.11	10170.00	17.78	21.83	46.12	0.27	18.31	44.31
易县	64.23	5976.00	12.11	18.25	40.07	0.25	29.12	35.07
曲阳县	45.82	5031.00	15.06	27.45	38.69	0.13	40.85	44.75
蠡县	58.15	10864.00	17.45	21.62	44.03	0.56	62.94	53.22
顺平县	61.04	4902.00	14.57	19.53	31.60	10.83	34.44	40.39
博野县	62.61	9117.00	16.29	20.24	55.47	2.10	44.44	50.34
雄县	61.52	12041.00	13.00	20.28	53.17	0.60	59.24	63.99
涿州市	62.00	13082.00	11.64	22.36	42.41	2.19	93.41	88.56
安国市	68.18	12790.00	16.61	20.90	53.52	0.57	40.76	59.04
高碑店市	56.43	11211.00	13.24	20.90	44.00	0.26	73.57	69.63
沧县	64.38	10247.00	16.34	25.67	79.66	0.07	29.47	15.21
青县	68.23	11568.00	13.99	23.07	72.72	11.65	97.16	48.46
东光县	65.72	8337.00	14.85	23.46	57.89	0.18	67.44	45.94
海兴县	49.58	5316.00	14.11	21.04	42.75	0.32	28.65	65.04
盐山县	64.68	6632.00	16.91	21.12	62.53	0.19	7.60	15.22

地区	新型农村社保养老人员参保比例（%）	农村居民人均可支配收入（元）	医疗卫生支出占公共财政预算支出比重（%）	教育支出占公共财政预算支出比重（%）	从事第二、第三产业占乡村从业人员比重（%）	设施农业占总耕地面积比重（%）	乡村户均民用汽车拥有量（%）	通宽带村所占比例（%）
肃宁县	67.59	9645.00	12.86	22.58	70.58	6.25	21.89	50.23
南皮县	50.46	6561.00	15.60	22.42	44.93	0.84	12.83	34.80
吴桥县	70.48	9013.00	14.59	22.23	63.99	0.61	14.95	35.32
献县	64.73	7508.00	16.15	22.21	62.20	2.69	72.27	39.32
孟村	60.80	7913.00	11.76	20.74	60.04	0.00	9.09	18.16
泊头市	55.84	9885.00	19.10	24.47	75.02	0.25	29.51	38.90
任丘市	50.05	11911.00	13.94	19.30	79.84	0.98	77.11	104.31
黄骅市	54.30	11655.00	12.46	16.38	84.57	0.11	98.53	70.86
河间市	68.42	10117.00	22.60	25.54	78.97	0.10	50.92	35.38

资料来源：根据2015年《河北农村统计年鉴》《河北省统计年鉴》计算得到。

表4-4 KMO和Bartlett的检验

取样足够度的 Kaiser-Meyer-Olkin 度量		0.818
Bartlett 的球形度检验	近似卡方	743.375
	Df	120
	Sig.	0.000

表4-5 解释的总方差

成分	初始特征值			提取平方和载入			旋转平方和载入		
	特征根	方差百分比（%）	累计百分比（%）	合计	方差百分比（%）	累计百分比（%）	合计	方差百分比（%）	累计百分比（%）
1	6.644	41.525	41.525	6.644	41.525	41.525	5.631	35.195	35.195
2	2.105	13.157	54.683	2.105	13.157	54.683	2.164	13.525	48.720
3	1.401	8.759	63.441	1.401	8.759	63.441	1.842	11.510	60.230
4	1.214	7.586	71.027	1.214	7.586	71.027	1.728	10.797	71.027

续表

成分	初始特征值				提取平方和载入			旋转平方和载入	
	特征根	方差百分比（%）	累计百分比（%）	合计	方差百分比（%）	累计百分比（%）	合计	方差百分比（%）	累计百分比（%）
5	0.943	5.896	76.924						
6	0.696	4.349	81.273						
7	0.620	3.872	85.145						
8	0.540	3.372	88.517						
9	0.443	2.772	91.288						
10	0.361	2.254	93.542						
11	0.284	1.774	95.316						
12	0.260	1.623	96.939						
13	0.187	1.167	98.106						
14	0.165	1.030	99.136						
15	0.081	0.508	99.645						
16	0.057	0.355	100.000						

提取方法：主成分分析

表4-6　成分矩阵

	1	2	3	4
城镇化率（%）	0.766	-0.199	0.019	-0.344
第一产业增加值（%）	-0.288	-0.343	-0.070	0.741
地方公共财政预算收入（万元）	0.782	-0.336	-0.212	0.042
社会消费品零售总额（万元）	0.842	0.192	-0.155	0.266
固定资产投资额（万元）	0.834	-0.081	-0.096	0.346
居民储蓄存款余额（万元）	0.901	0.110	-0.188	0.128
单位面积农业机械总动力（千瓦/公顷）	0.591	-0.070	-0.118	0.331
新型农村合作医疗参保人数比例（%）	0.359	-0.092	0.661	0.070
新型农村社保养老人员参保比例（%）	0.219	-0.207	0.826	0.056
农村居民人均可支配收入（元）	0.845	0.087	0.025	-0.075

	1	2	3	4
医疗卫生支出占公共财政预算支出比重（%）	0.118	0.861	0.105	0.111
教育支出占公共财政预算支出比重（%）	0.298	0.736	0.122	0.089
从事第二、第三产业占乡村从业人员比重（%）	0.698	0.384	0.206	0.033
设施农业占总耕地面积比重（%）	0.242	− 0.458	0.251	0.163
乡村户均民用汽车拥有量（%）	0.784	− 0.184	− 0.004	− 0.247
通宽带村所占比例（%）	0.801	− 0.205	− 0.133	− 0.326

表 4 − 7　成分得分系数矩阵

	成分			
	1	2	3	4
城镇化率（%）	0.027	− 0.111	0.298	0.027
第一产业增加值（%）	0.178	− 0.086	− 0.601	0.053
地方公共财政预算收入（万元）	0.181	− 0.159	− 0.013	− 0.073
社会消费品零售总额（万元）	0.201	0.118	− 0.161	− 0.069
固定资产投资额（万元）	0.223	0.009	− 0.231	0.008
居民储蓄存款余额（万元）	0.186	0.061	− 0.056	− 0.093
单位面积农业机械总动力（千瓦/公顷）	0.190	0.004	− 0.232	− 0.018
新型农村合作医疗参保人数比例（%）	− 0.068	0.058	− 0.014	0.472
新型农村社保养老人员参保比例（%）	− 0.118	0.022	− 0.009	0.588
农村居民人均可支配收入（元）	0.085	0.053	0.105	0.030
医疗卫生支出占公共财政预算支出比重（%）	− 0.031	0.422	− 0.045	− 0.008
教育支出占公共财政预算支出比重（%）	− 0.008	0.369	− 0.022	0.021
从事第二、第三产业占乡村从业人员比重（%）	0.036	0.221	0.031	0.124
设施农业占总耕地面积比重（%）	0.048	− 0.153	− 0.120	0.242
乡村户均民用汽车拥有量（%）	0.057	− 0.096	0.224	0.021
通宽带村所占比例（%）	0.069	− 0.131	0.280	− 0.070

提取方法：主成分

旋转法：具有 Kaiser 标准化的正交旋转法

表4-8　各指标权重

城镇化率			
支撑力指标 （B₁）	第一产业增加值		0.08
	地方公共财政预算收入		
驱动力指标 （B₂）	社会消费品零售总额		0.34
	固定资产投资额		
	居民储蓄存款余额		
	单位面积农业机械总动力		
凝聚力指标 （B₃）	新型农村合作医疗参保人数比例		0.27
	新型农村社保养老人员参保比例		
	农村居民人均可支配收入		
	医疗卫生支出在公共财政预算支出比重		
创新力指标 （B₄）	教育支出占公共财政预算支出比重		0.2
	从事第二、第三产业占乡村从业人员比重		
	设施农业占总耕地面积比重		
辐射力指标 （B₅）	乡村户均拥有民用汽车比例		0.11
	通宽带村所占比例		

现代农业发展水平（A）适用于整个表左侧。

表4-9　河北省环京津地区现代农业各区县发展水平因子得分及排序

地区	得分	排序	地区	得分	排序
迁安市	1.526786	1	青县	0.352374	14
三河市	1.051664	2	乐亭县	0.321801	15
霸州市	0.748388	3	滦南县	0.314325	16
任丘市	0.720842	4	迁西县	0.274378	17
遵化市	0.674336	5	大厂	0.23888	18
玉田县	0.533669	6	徐水县	0.231742	19
河间市	0.489332	7	沧县	0.194929	20
滦县	0.483634	8	安国市	0.192996	21
涿州市	0.447848	9	大城县	0.176738	22
香河县	0.39411	10	肃宁县	0.151532	23
泊头市	0.375862	11	容城县	0.146455	24
黄骅市	0.37299	12	高碑店市	0.144784	25
文安县	0.364429	13	献县	0.099925	26

续表

地区	得分	排序	地区	得分	排序
固安县	0.084087	27	唐县	- 0.25408	50
东光县	0.081706	28	望都县	- 0.2831	51
永清县	0.066968	29	蔚县	- 0.29643	52
满城县	0.041681	30	海兴县	- 0.31583	53
定兴县	0.009592	31	承德县	- 0.31709	54
蠡县	- 0.02386	32	涿鹿县	- 0.33094	55
博野县	- 0.02503	33	涞水县	- 0.34932	56
吴桥县	- 0.03376	34	丰宁县	- 0.35422	57
雄县	- 0.03797	35	易县	- 0.3544	58
高阳县	- 0.04604	36	万全县	- 0.36191	59
怀来县	- 0.05222	37	宣化县	- 0.3628	60
盐山县	- 0.064	38	顺平县	- 0.36563	61
清苑县	- 0.07299	39	涞源县	- 0.39394	62
安新县	- 0.08388	40	围场县	- 0.44226	63
滦平县	- 0.09044	41	赤城县	- 0.47358	64
平泉县	- 0.11001	42	怀安县	- 0.48762	65
宽城县	- 0.12821	43	阜平县	- 0.50773	66
南皮县	- 0.15052	44	阳原县	- 0.54159	67
兴隆县	- 0.16482	45	崇礼县	- 0.57709	68
张北县	- 0.20669	46	沽源县	- 0.6379	69
曲阳县	- 0.20779	47	康保县	- 0.65665	70
孟村	- 0.21106	48	尚义县	- 0.69599	71
隆化县	- 0.23941	49			

表4-10　河北省环京津地区现代农业发展水平因子得分及排序

地区	支撑力		驱动力		凝聚力		创新力		辐射力		综合	
	得分	排序	得分	排序	得分	排序	得分	排序	得分	排序	得分	排序
唐山	1.03	2	8.62	1	2.57	2	2.19	2	1.03	2	4.13	1
廊坊	2.56	1	3.80	2	1.71	3	0.40	3	3.09	1	3.13	2
沧州	0.56	3	0.89	3	2.61	1	4.54	1	- 0.45	4	2.06	3
保定	- 1.67	6	- 4.76	5	0.20	4	- 0.81	4	0.22	3	- 1.79	4
承德	- 0.82	4	- 0.69	4	- 3.2	5	- 1.33	5	- 1.09	5	- 1.85	5
张家口	- 1.66	5	- 7.87	6	- 3.88	6	- 4.99	6	- 2.8	6	- 5.68	6

第三节　环京津地区现代农业发展水平的空间聚类分析

北京和天津作为国内两大特大城市，不仅在经济体量上在国内居于前列，而且由于其区位优势明显，农业发展水平也远超河北省所属的环京津周边县市。在京津现代农业发展过程中，由于地理邻近的原因，河北省环京津周边县市的农业发展会受其影响，发生变化。本节拟以河北省环京津地区县市农业发展为研究内容，通过构建县级现代农业发展水平指标体系，运用因子分析方法计算出各县市因子得分，然后导入 GIS 软件中进行空间聚类分析，以探索河北省环京津地区县市现代农业发展水平及其分布规律。

一、数据获取

为分析河北省环京津地区县市现代农业发展水平，本书图件数据选取1∶10000河北省基础地理数据，通过空间数据剪切。选取河北省环京津县市（不含市辖区）共 71 个含有农村统计数据的县级（县级市）行政区域。由于所研究的对象是河北省环京津县市农业发展，而地市所辖区因不含农业数据或所含研究指标难以获取，故不包含在研究区域内，导致图中有些空间上的"岛"。数据资料来自《河北统计年鉴 2015》和《河北农村统计年鉴 2015》，依据"代表性、可获取性、客观性、可比性"原则选取指标变量共计 16 个。

二、研究方法

（一）因子分析法

在实际工作中，收集的变量间会存在较强相关关系的情况，直接利用分析会使模型很复杂，而且还会带来多重共线性问题，主成分分析提供了解决的办法。其实质是将初始变量整合成少数几个相互无关的主成分变量，新变量包含了原始变量的绝大部分信息。而因子分析在一定程度上可被视作是主成分分析的深化和拓展，对相关问题的研究更为透彻。其原理是将具有一定相关关系的多个变量综合为数量较少的几个因子，研究一组具有错综复杂关系的实测指标是如何受少数几个内在的独立因子所支配，所以其是多元分析中处理降维问题的统计分析方法。

（二）空间聚类分析

空间聚类作为聚类分析的一个研究方向，是指将空间数据集中的对象分成由相似对象组成的类。同类中的对象间具有较高的相似度；反之则差异较大。空间聚类分析可以非常直观地发现空间分布规律，它是聚类分析的一种研究方向，近年来应用较广，其优点是可以较清晰地将结果呈现出来。聚类依据的数据取自因子分析中的县域农村经济社会发展水平的评价结果。针对 SPSS 软件计算的因子得分，放入 Excel 表格中，通过在 MAPINFO 软件中打开表文件，与空间地图数据进行连接，然后利用专题分析功能，把河北省环京津县市按照等范围划分为 5类，具体空间聚类结果如图 4 - 1 所示。

图 4 - 1　河北省环京津地区各县区空间聚类结果

第四节 结论与分析

一、环京津地区县市现代农业发展水平因子分析

利用 SPSS19.0 软件对河北省环京津地区的 71 个县市的 16 个现代农业发展指标进行因子分析，进行 KMO 和 Bartlett 检验，KMO 取值 0.818，表明非常适合做因子分析，Bartlett 的球形度检验的 Sig. 值为 0.000，说明数据来自正态分布，适合进一步分析。通过因子得分计算，根据其因子组成指标体系权重分布分别代表区域农业发展支撑力、驱动力、凝聚力、创新力和辐射力，最后针对县市所属地级市进行加和处理，构成环京津地级市的现代农业发展水平因子得分及排序。

从笔者给出的五类指标的权重进行分析，其中占比重最大的类别为驱动力指标，而驱动力指标组主要反映的是社会经济环境和农业硬件设施的投入。可以看出，河北省环京津地区现代农业发展的第一位是驱动力指标组的投入力度和整体社会经济环境的提升。第二位是凝聚力指标，主要反映了河北省环京津地区的社会保障水平，社会保障往往是吸引和留住人才的重要原因。河北省位于京津之间，京津均为资源优势高地，作为河北省环京津地区要想留住人才以便发展现代农业，社会保障的投入力度起到重要的作用。第三位和第四位分别是创新力指标和辐射力指标，分别体现了科技的投入程度以及现代农业的对外扩展能力。第五位是支撑力指标，仅占 11% 的权重，通过对权重分配的分析有利于在分析影响现代农业发展的要素中更好地发现最为重要的要素。

从分项结果排序可以看出，唐山市农业综合发展水平最高，张家口农业综合发展水平最低，廊坊、沧州和保定居于中间位置。唐山之所以在综合排序中排名第一，主要原因是驱动力指标得分较高，也即该地区社会整体经济水平高，在农业基础设施方面投资大，能保障现代农业生产能力。廊坊虽然综合排名第二，但是在凝聚力和创新力方面都只排在第三位。这与该地区与京津毗邻的地理位置有一定的关系，该地区高端人才往往被京津的高工资和社会保障条件所吸引，应进一步提高凝聚力和科技创新能力。沧州在凝聚力和创新力方面排名第一，这与沧州地区高校较多有关，其在吸引人才方面能力较强，然而辐射力较弱，应加强其陆路建设，加强与周边地区联系。保定在支撑力和驱动力方面排名靠后，说明该地区整体经济水平还有待进一步提高，良好的经济环境会对现代农业发展起到正

面的促进作用。承德在凝聚力、创新力、辐射力方面表现较弱，而张家口在各方面都有待提高。

二、环京津地区县市现代农业发展水平空间聚类分析

河北省环京津所属县市中只有迁安市属于一类现代农业发展区，归于发展发达区；三河市属于二类现代农业发展区，可归于发展次发达区；霸州市、任丘市、遵化市、玉田县、河间市、滦县、涿州市、香河县、泊头市、黄骅市、文安县、青县、乐亭县13个县市属于三类现代农业发展区，可归于发展中等区；滦南县、迁西县、大厂、徐水县、沧县、安国市、大城县、肃宁县、容城县、高碑店市、献县、固安县、东光县、永清县、满城县、定兴县、蠡县、博野县、吴桥县、雄县、高阳县、怀来县、盐山县、清苑县、安新县、滦平县、平泉县、宽城县、南皮县、兴隆县、张北县、曲阳县、孟村、隆化县、唐县、望都县、蔚县、海兴县、承德县39个县市属于四类现代农业发展区，可归于发展较差区；涿鹿县、涞水县、丰宁县、易县、万全县、宣化县、顺平县、涞源县、围场县、赤城县、怀安县、阜平县、阳原县、崇礼县、沽源县、康保县、尚义县17个县市属于五类现代农业发展区，可归于发展最差区。

空间聚类分析发现，河北省环京津地区县市农业发展水平分化比较明显，相互间发展差距较大。紧邻京津的县市除了三河市属于发展次发达区外，其余县市多处于中等或发展较差区，而赤城县和涞水县由于原有基础薄弱，农业一直处于河北省农业发展的最差区。这从一个侧面说明县域现代农业发展水平与周边地区的带动分不开，因此河北省环京津地区现代农业发展水平呈现连片同质化的趋势。

本章小结

本章建立了河北省环京津地区现代农业发展评价指标体系，并对河北省环京津地区下辖的县市现代农业发展水平进行了评价。然后对该地区现代农业发展水平进行了空间聚类分析。

河北省环京津地区的各县市现代农业发展水平差异化程度较大，分区域看，唐山全部县区现代农业发展水平均处在中等偏上，廊坊处在第二等级，沧州、保定地区部分濒临京津的县市现代农业发展水平处在环京津地区的中等水平，而沧州、保定的网格区域以及承德、张家口的大部分山区处在农业经济的低度发展

区。通过主成分分析及空间聚类统计图可以较为清晰地看出环京津地区目前亟待解决发展现代农业的问题；同时，对于现代农业发展情况较为相近、地理位置又相似的地区可以在接下来的研究中进行合并研究。

第五章　影响环京津地区现代农业发展的因素分析

河北省环京津地区具有良好的发展现代农业环境，今后如何抓住机遇依托现代技术手段建立整合优良品种和高科技实现低投入、高回报良性循环的现代农业是发展的方向。为此，要分析目前环京津地区现代农业发展的有利条件和制约因素，以期在接下来的研究中更深入地发现问题的症结，扬长避短，使现代农业的发展进程赢得更好的效益。

本研究使用 2010 ~ 2014 年河北省历史数据对河北省环京津地区农业科技进步贡献率进行测算分析，采用 C – D 生产函数模型：

$$Y = AL^{\alpha}K^{\beta}$$

为了便于计算，两边取对数则变为 $\log Y = \log A + \alpha\log L + \beta\log K + \delta$ 进行测算，式中，Y 为总产值，A 为科技投入，L 为劳动投入，K 为资本投入，α 和 β 为参数，它们分别是劳动和资本的产出弹性。用专利授予数量代表科技指标。农业总产值以农林牧渔总产值表示，农业物资消耗以农林牧渔再生产过程中的中间消耗来衡量，利用线性回归法进行计算，可以看出：

$$\log Y = -5.182 + 0.007\log A + 1.857\log L + 0.858\log K$$

R 检验值为 0.999，接近于 1，同时 F 值 5252.72 大于 F 值 0.05（3，3），说明系数显著性较强，从得出的系数中可以分析出劳动、资本、科技的投入对于产值都是正相关关系，并且在三个要素中劳动投入的影响最大，其次是资本的投入，最后是科技的投入，这一结论与第四章赋权的结果也很相近。

表 5 – 1　2010 ~ 2014 年河北省环京津地区现代农业的投入产出情况

年份	总产值 （亿元）	物资消耗 （亿元）	乡村从业人员人数 （万人）	专利授权量 （件）
2008	1985	838	1601.49	3021
2009	2075	860	1619.24	4372

续表

年份	总产值 （亿元）	物资消耗 （亿元）	乡村从业人员人数 （万人）	专利授权量 （件）
2010	2434	1006	1637.90	5054
2011	2816	1171	1654.87	5469
2012	3102	1283	1665.07	7575
2013	3394	1408	1671.33	9290
2014	3512	1468	1677.59	10547

资料来源：河北农村统计年鉴［M］. 北京：中国统计出版社，2015.

第一节　环京津地区发展现代农业的有利因素

一、政府及非政府组织产业合作密切提升现代农业发展平台

环京津地区与京津的合作由来已久，自20世纪80年代就在华北地区经济技术合作协会的推动下，开展了多种地方间合作项目。进入21世纪以来，产业合作数量和质量都大幅度提高，合作形式也趋于多样。其中，现代农业产业的合作形式包括农副产品生产基地、农产品物流中心、农业技术合作、产销对接以及观光旅游项目。从地区看，唐山和保定的合作项目最多，廊坊和沧州相对较少。

北京农副产品生产企业在承德兴建畜牧业产业化项目，北京多所高校及科研机构在承德设立产学研基地，京承还签署承德绿色食品进入北京商超的农超对接协议。京廊之间近几年来合作项目较少，但合作结构趋于优化，从智力共享到产业分工合作都取得了不小的成绩，此外农业物流仓储项目和观光养老型农业也在逐步取代传统作物种植。

合作形式主要包括以下几个方面：一是签订了一系列合作协议。京张2008年签署了《京张蔬菜产销合作（2008~2012）框架协议》，并将加强农产品品牌建设，两市间还建立网上信息沟通平台以便及时掌握市场情况。京唐的合作则主要以第二产业和第三产业为主。与京津农业农村部门在现代农业协同发展、畜牧兽医合作、农业技术推广、农产品市场信息、动植物疫情联合预警等领域签署了一系列合作框架协议；北京市与曹妃甸区签署了共同打造北京农副产品保障供应基地合作协议。二是定期沟通会商。北京和河北签署了2016年京冀农业协同发展合作

备忘录，京冀定期举办京冀农产品市场分析会商会，三地就成立三地休闲农业联盟达成了初步意向。三是联合举办了系列推介活动。连续共同举办了两届北京农业嘉年华、休闲农业精品线路推介活动、涞涞易旅发大会、"首都市场春节与全国两会保障十四省联合行动"和廊坊河北省经贸洽谈会、唐山河北省经贸洽谈会等。

三地政府还联合出台了一系列农业方面的机制，一是建立了京津冀一体化农作物品种审定机制。2015年5月三地联合印发了《关于建立京津冀一体化农作物品种审定机制的意见》，共同确定水稻、小麦、玉米、棉花、大豆、马铃薯等主要农作物相适应区域的试验区组、试验方案和品种审定标准，实行统一审定，对非主要农作物品种实行登记（鉴定）互认，简化了审定程序，形成了产业发展合力。二是建立了京津冀农业面源污染协同防治机制。2015年颁布了《京津冀农业面源污染协同防治行动方案框架》（2015～2018）。三是建立了农产品质量安全检测互认和监管联动机制。成立了京津冀＋农业部监管的"3＋1"协同推进领导小组，建立了联席会议制度，推动三地农产品产地准出和市场准入管理制度有效衔接。

在三地的共同努力下，新发地高碑店批发市场、首农现代循环农业科技示范园、北京大北农集团分子育种等139个项目落户河北，投资额达856.56亿元。2016年以来，又推动中关村智慧农业生态服务联盟承德道地有机中药材种植示范园等30多个项目在河北环京津地区落地或签订合作协议，投资额近100亿元，助力了河北现代农业建设。

三地还联合制定了《2016年京津冀农药市场联查实施方案》《京津冀违规农药产品下架处理指导性意见》《京津冀2016年高风险农药产品名录》《京津冀农药市场联合检查情况通报》和《京津冀畜禽屠宰监管工作联席会议章程》等一系列规范性文件，规范了联合监管行为。实施了两次京津冀生猪屠宰专项整治联防联控专项行动，开展了京津冀三地联合执法检查。

非政府组织是不以营利为目的的民间自愿组织，其强调自治自愿的原则，在政府不能涉及的某些领域，非政府组织可以起到重要的作用。例如，多种形式的农业合作社，通过农民自发组织为解决农民遇到的各种问题提供服务。与政府组织相比较，这种服务方式有时更为及时和直接，也更能真实地捕捉到农民最实际的需求，非政府组织对于加强行业内部、地区之间联系，促进多方利益主体加入到现代农业生产中发挥了极大的作用。

二、农业产业化经营方式利于农业向专门化方向发展

河北省地处华北，具有山地、高原、平原、丘陵等多种类型地貌，内环北京、天津，地理位置优越，其农业发展的速度和质量对于"环首都绿色经济圈"

一体化布局具有重大意义。河北省一直是我国的农业大省，其主要粮食作物的生产如小麦、高粱等在全国占有重要地位。近年来，河北省又围绕"一产抓特色"的战略部署着眼于农业特色产业、创意产业、新兴产业的发展，据河北统计局最新公布的统计数据显示，全省农业产业化经营率达到64%以上。

河北省各个地区在农业产业化经营方面均取得了长足的进步。

张家口持续加大对"张杂谷"这一品牌的研发力度和示范推广的支持，围绕宣化无公害葡萄、涿鹿葡萄产业、张北甜菜产业等重点领域开展精深加工。在畜牧养殖方面，阳原獭兔养殖与加工科技园区、赤城县乳肉兼用牛产业科技园区带动了当地及周边地区农民发展养殖业，起到良好的科技示范作用，2014年农业产业化经营率达到58.4%。

承德在大力发展平泉食用菌产业及围场、丰宁为重点的马铃薯产业的同时还加快打造黄芩、板蓝根为主栽品种的中药材生产基地，依托当地草丰水美的特点，发展特色水产、生态有机猪、肉鸡和奶牛养殖业，推进乳业健康发展，农业产业化经营率达66%。

秦皇岛是全国首批沿海开放城市之一，素有"花果之乡"的美誉，秦皇岛的农业产业化经营率达67.5%，居全省之首。为了适应旅游观光城市的特点，其积极发展以观赏为主的农业特色产业，如形态各异的小葫芦、水果黄瓜、适合爬蔓遮阴的丝瓜、苦瓜等，此外已建成8个年产值超过10亿元的农业特色产业，分别是肉鸡、酿酒葡萄、粮油加工、玉米淀粉、海洋水产、甘薯、生猪和蔬菜，正大有限公司、野力葡萄酒等多家龙头企业被命名为省级重点龙头企业。

唐山素有板栗之乡之称，除迁西板栗外，玉田瘦肉型猪、特色蔬菜、优质高产粮食，滦县花卉、瓜菜、花生、食用菌产业，乐亭都市休闲观光农业以及渔业发展都对全市实现现代农业的跨越起到积极作用。2012年6月，唐山国家农业科技园区建设在玉田正式启动，预计建设期为3年，这也是继2010年三河国家农业科技园区入选以来，河北省第二个国家级农业科技园区，这势必对推动河北省农业发展做出新的贡献，唐山农业特色产业经营化率达到66.9%。

廊坊作为大北京战略的重要组成部分、北京的"菜篮子"，瞄准高端食品生产、观光农业的特色产业发展有机果蔬种植业、产品精加工，进行产业链条的延伸，以此提高农产品的附加值，现实版"开心农场"也在廊坊现身。除无公害蔬菜外，廊坊还大力发展花卉产业，固安县有中国花木之乡的称号。廊坊农业产业化经营率达到65%。

保定是一座历史悠久的文化名城，同时也是全国人口最多的地级市，县域经济特色十分显著。2010年，国家发改委将保定纳入首批发展低碳产业的8个试点城市之一，也是河北省唯一一座被纳入规划的城市，足见其代表意义。望都辣椒、雄县红小豆、满城草莓、阜平大枣、曲阳鸭梨、唐县小尾寒羊、涞源虹鳟鱼、安国中药材、易县磨盘柿、留史皮毛、顺平红富士苹果远近闻名，全市农业产业化经营率达到51%。

沧州特产丰富，目前已形成以泊头鸭梨产业为主导的沧县小枣、青县蔬菜、黄骅冬枣、东光棉花等17个特色产业集群，极大地推进了沧州市农业现代化进程，农业产业化经营率达66.2%。

衡水以辣椒、棉花、食用菌、皮革、速生丰产林和花卉作为特色产业建立生产示范基地，吸引龙头企业发挥辐射作用，2014年农业产业化经营率达到63.6%。

石家庄作为省会城市，河北省农科院、河北科技大学等多家科研院所坐落于此，其技术优势和人才资源得天独厚，平山食用菌、芦笋种植，中保圣地玫瑰产业卓有成效。另外，石家庄还着重发展大枣、花椒、核桃产业，构建产业链条，使农民收入稳中有增，目前其将重点放在粮油、果蔬、奶业、禽蛋、肉类产业，以此打造行业龙头。

邢台拥有南宫芦笋，巨鹿金银花、枸杞、红杏，宁晋芦笋、葡萄，南宫、临西棉花，南和、威县蔬菜种植以及薄皮核桃产业，任县食用菌、小杂粮、花生等特色产业，农业产业化经营率达到64.8%。

邯郸位于河北的南端，其在立足于大名小麦主产地的基础上，除了拥有磁县莲藕，永年芦笋，涉县花椒，中药材，核桃，成安草莓，肥乡圆葱等特色种植产业外，还致力于发展鲟鱼、虹鳟等优质冷水鱼，魏县龟鳖特色养殖产业，目前已建设成曲周、永年两个国家级水产种质资源保护区，并以此为依托形成多渠道、多层次的渔业经济，农业产业化经营率为65.3%。

综合全省情况，环京津地区的农业产业化经营率分别排在第2、3、4、9、10、11位，水平参差不齐，今后廊坊、张家口和沧州还有较大的发展空间。农业产业化对于吸引分散农户、扩大生产规模具有非常重要的作用，散户通过产业化经营的模式提高市场竞争力，增强产品规范程度，并有专门组织对生产进行引导，弥补了单一个体的不足，同时，通过集体进货、出货的方式克服单个农户对原料和市场的需求及供给信息不对称的现象，对带动地区现代农业生产整体水平有重要作用。

三、周边高端市场需求导向促使农业经营者从事现代农业生产

无公害产业符合公众的现实需求。随着居民收入增加，生活质量不断提高，同时由于环京津地区紧邻北京、天津的区位优势，周边高端市场潜力巨大，势必要求环京津地区绿色农产品加工和产业链不断向纵深方向发展，既有地方特色，又具有高质量的环保有机食品越来越受到人们的欢迎。近年来，我国食品安全问题频发，并已经成为社会舆论的焦点，严重影响了消费者的信心，保障食品质量是使人民安身立命的根本，经营者能否抓住消费者追求安全的普遍心理，运用低碳农业科技生产出健康绿色、质量过硬的美食决定了其能否在竞争中立于不败之地。另外，国际贸易中的绿色壁垒要求河北省提升农产品同一化标准。近年来发生的几次中国农产品在国际贸易中蒙受损失的案例提醒我国农产品生产者尽快采用国际标准组织生产，采取同一化的产业发展模式，缩小产品间差异，打造名牌产品战略。河北省是农业出口大省，其中保定位列第二位，据统计数据显示，仅2014 年 1 ~ 10 月河北省出口农产品就达到 87.8 亿元，产品主要集中在肉类、水产品、水果、蔬菜、干果、肠衣、饲料添加剂等大类别。利用低碳农业的模式发展环京津地区现代农业特色产业，既保证产品质量又保障在生产加工环节中节能减排，提升产品竞争力有助于增强环京津地区创汇能力。

随着城镇化进程的不断提高，生活在都市的人们在工作闲暇对郊外田园式的生活环境愈加向往。环京津地区具有较优越的区位优势，近年来，交通便利程度不断提高，城铁和高铁的开通使得环京津的大部分地区到北京和天津的时间缩短到一小时。环京津地区旅游资源丰富，拥有许多历史悠久的名胜古迹和风景优美的自然景观，例如保定的狼牙山、地道战，唐山的曹妃甸，承德的木兰围场、外八庙，张家口的草原天路、塞北梯田。这些景点每年都吸引了无数旅游爱好者的前来，迄今为止，张家口已经举行了 10 余年张北草原音乐节，这也对张家口提高国际知名度起到了促进作用。2016 年 9 月，保定借助承办河北省首届旅游发展大会的契机，大力推广京西百渡休闲度假区，带动了该地区旅游市场的发展。环京津地区的多地形地貌也为广大旅游爱好者提供了多种选择。京北拥有发达的畜牧业，这使得该地区休闲农业不仅限于采摘园这类以种植业为主的形式，还融入了草原游牧文化等多种类型的休闲观光游项目。保定历史悠久，除了自然风光以外还拥有许多红色旅游项目。沧州和唐山临海，将渔家乐融入到休闲旅游中，为丰富旅游项目的多样性增色不少。现代农业的一个重要发展模式是乡村旅游和休闲农业，将休闲农业融入到旅游资源中，使二者有机结合，通过吸引游客参观游览休闲农业园区，在振兴地方经济的同时起到促进现代农业向规模化、多功能化方向发展的作用。

周边市场的高收入是消费水平强有力的保障，以北京市为例，1986 年北京市的城镇居民家庭人均收入为 1067 元，2015 年，这一指标值提升到了 43910 元，涨幅惊人。同时，人均总支出也随收入的增加而增长为 33035 元。家庭在食品上的支出金额较大程度上取决于其家庭收入水平，高收入的家庭倾向于购买绿色、质量有保障的食品，因此近年来有机农业、绿色农业的兴起与人民的消费需求导向密切相关。

第二节 环京津地区发展现代农业的不利因素

一、人口承载压力大，高科技人才发展能力不平衡

人口因素在区域经济发展的影响因素中占非常重要的地位，适度的人口会对经济发展起到促进作用，人口规模失衡会带来一系列的问题进而影响社会的协调发展。农业作为劳动密集型产业对人口数量有一定要求，因此有必要首先对环京津地区的人力资源这一重要生产要素的状况进行分析。

河北省近年来人口规模呈现高速增长的趋势（见表5-2），2015年全国平均人口自然增长率为7.2‰，较之2012年的4.95‰上升了近一倍。尽管河北省严格控制人口增长，自然增长率有所下滑，但仍然超过我国平均水平，环京津地区的人口增长率同样较高，呈现逐年递增的趋势。虽然环京津地区的人口自然增长率总体呈现下降趋势，随着"二胎"政策的普及，预计未来会有一次小的生育高峰，河北省的人口压力比较大。

表5-2 北京、天津、河北、环京津地区人口数和自然增长率

单位：万人，‰

地区	2011年		2012年		2013年		2014年	
	总人口	自然增长率	总人口	自然增长率	总人口	自然增长率	总人口	自然增长率
北京	2018.60	4.02	2069.30	4.74	2114.8	4.41	2051.6	4.83
天津	1354.58	2.5	1413.15	2.63	1472.21	2.28	1516.81	2.14
河北	7240.51	6.5	7287.51	6.47	7332.61	6.17	7384.06	6.95
环京津地区	3836.05	5.88	3860.31	5.83	3883.06	5.68	3910.32	6.66
其中：承德	348.91	6.49	350.63	6.72	351.51	5.56	352.72	7.27
张家口	437.37	5.37	439.38	5.09	441.33	4.81	442.09	5.89
唐山	762.74	3.32	766.85	4.19	770.80	3.38	776.82	3.91
廊坊	440.03	4.90	443.93	4.97	446.84	5.29	452.18	6.32
保定	1127.23	6.97	1135.14	6.94	1141.63	6.70	1149.01	8.04
沧州	719.77	7.48	724.38	6.39	730.95	7.32	737.50	7.79

资料来源：北京统计年鉴 [M]. 北京：中国统计出版社，2015；天津统计年鉴 [M]. 北京：中国统计出版社，2015；河北经济年鉴 [M]. 北京：中国统计出版社，2015.

人口城乡结构的主要衡量指标之一是城镇化水平，本研究用城镇化水平反映河北省及环京津地区的人口城乡结构，依据河北省统计局统计数据显示，截至2015年末全省城镇化率超过50%，高于全国平均水平0.16%，自2000年以来平均每年增长1.73%，近年来更呈现出加速发展的态势。

从人口的受教育结构看（见表5-3），相对于北京高素质人才较为集中的劳动力优势而言，河北省劳动力素质差距较大，乡村人口中初中文化程度的劳动力所占比重最高，其次是小学文化程度，环京津地区的人口受教育结构与河北省类似。同时，文盲、半文盲、小学文化程度的劳动力有递减的趋势，初中及以上学历的劳动力逐年递增。第六次全国人口普查数据显示，河北省人口的受教育程度低于全国平均水平。说明尽管河北省及环京津地区的农村劳动力受教育程度逐年提高，但总体来说乡村从业人员人口素质仍然较低。九年义务教育阶段过后，乡村地区尤其是欠发达地区的劳动力绝大部分都选择从事工作，劳动力素质仍然有待提高。

表5-3　2014年河北省及环京津地区乡村从业人员文化程度　单位：人，%

名称	河北省		环京津地区	
	人数	比例	人数	比例
文盲、半文盲	249926	0.82	122062	0.75
小学文化程度	7427624	24.31	4348696	26.88
初中文化程度	15104789	49.43	8264836	51.09
高中文化程度	7005206	22.92	2983589	18.44
大专及以上文化程度	771541	2.52	458668	2.84

资料来源：河北农村统计年鉴［M］．北京：中国统计出版社，2015.

劳动力是重要的生产要素，其素质直接关乎现代农业能否顺利发展。河北省环京津地区有北京、天津、石家庄、呼和浩特等大城市，年富力强的劳动力资源和学历层次高的劳动力资源出于收入和就业机会的考虑，一般会选择去大城市发展，而资源向城市流动的结果是造成环京津地区乡村劳动力的学历较低，大部分的劳动力学历集中在小学和初中文化，这大大地制约了劳动者从事现代农业的能力和现代农业发展的水平。对比而言，北京地区对143310个从业者进行的抽样调查显示，其中小学文化占6岁以上人口比重为10.51%，初中文化占比为32.13%，高中文化占比为20.69，大学及以上人口占比为30.39%。需要注意的是，这些比例都是相对于6岁以上总人口的比例，如果是针对于18岁以上劳动力资源进行统计，则高学历的比例肯定会更大。因此，比较之下可以看出，河北省环京津地区农村劳动力资源中高学历人员所占比例过小，严重制约了现代农业的进一步发展。随着交通的便利程度不断提高，无形中缩短了城市间的距离，更多的劳动力选择在城郊居住，在城市中心工作，这一趋势又加剧了河北省环京津地区劳动力的进一步流失。

二、区域资本流动能力不均，扩散能力弱

目前环京津地区金融资本分布明显不平衡（见图 5 - 1），一个地区资金如果流动性弱，则导致该地区储蓄仅用于该地区投资，进而使储蓄与投资之间相关关系变强，这种情况不利于该地区稳定发展经济。

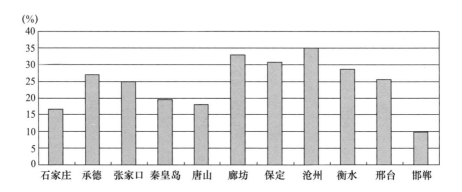

图 5 - 1　2004 ~ 2014 年河北省金融机构各项贷款余额年平均增长率

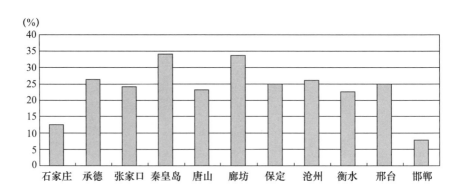

图 5 - 2　2004 ~ 2014 年河北省金融机构各项存款余额年平均增长率

资料来源：马树强. 河北省经济发展报告（2015）［M］. 北京：社会科学文献出版社，2015.

由图 5 - 1、图 5 - 2 可知，河北省环京津地区的承德、张家口、廊坊存贷款年平均增长率基本持平，而唐山存款增长率高于贷款增长率，保定、沧州贷款增

长率高于存款增长率，这说明各地放款能力不均衡，其中廊坊、保定和沧州的放款能力增速最快，而存款能力增速最快的则是廊坊，反映该地区吸引资金的能力较强。总体来看，由于北京是全国金融机构的聚集地，因此无论是存款能力还是贷款能力，环京津地区金融机构与北京之间还是存在较大差距。同时，三地金融合作水平较差，市场化水平有待进一步提高，环京津地区现代农业融资渠道越多元化，越利于企业资金活力，进而促进经济的发展。从目前融资渠道的创新能力来看，河北省环京津地区能力仅为 20.6%，低于全国平均水平的 22.8%。

三、农业科技研发和推广平台滞后

基于 DEA 的非参数 Malmquist 指数法是通过距离函数（Distance Function）定义 Malmquist 指数，运用数学线性规划模型来对全要素生产率（Total Factor Productivity，TFP）进行测算，在分析不同时期生产决策单元效率变化的同时将 Malmquist 指数进行分解，从而找出全要素生产率变化的根源，在规模报酬不变的假设条件下，将全要素（TFP）分解为技术进步（TPC）和技术效率（TEC），表明 TFP 是 TPC 和 TEC 共同作用的结果。而在规模报酬可变假设条件下，又可以进一步把 TEC 分解为纯技术效率（PTEC）和规模效率（SEC），这表明 TEC 变化主要取决于以技术更新和推广为代表的 PTEC 和以生产要素投入规模为代表的 SEC 二者的变化。

$$TFP = TPC \times TEC \qquad\qquad\qquad (5-1)$$
$$TEC = PTEC \times SEC \qquad\qquad\qquad (5-2)$$

由式（1）和式（2）可以得出：

$$TFP = TPC \times PTEC \times SEC \qquad\qquad (5-3)$$

甜瓜产业是河北省环京津地区的沧州沧县和唐山乐亭地区的特色农业产业，种植历史悠久，面积较大。本研究拟通过对甜瓜产业的全要素生产率进行分析揭示河北省环京津地区农产品生产效率低下的原因。选取平均每公顷甜瓜的产量（Y）为产出指标，每公顷甜瓜生产投入的种子用量（X_1）、化肥用量（X_2）、农膜用量（X_3）、劳动力用工天数（X_4）、农家肥费（X_5）和农药费（X_6）6 个变量为投入指标，运用基于投入导向的 DEA – Malmquist 指数法对河北省环京津地区甜瓜全要素生产率及构成变动进行测算和分析。得出 2010 ~ 2012 年河北省环京津地区全要素生产率（TFP）为 1.09，综合效率（TEC）为 0.962，技术进步（TPC）为 1.133，纯技术效率（PTEC）为 0.832，规模效率（SEC）为 1.156，说明河北省环京津地区的甜瓜产业生产水平有所提高。但综合效率和纯技术效率仍有待提高。值得注意的是，技术进步和综合效率之间存在滞后性，一方面，当由于纯技术效率降低而拉低综合效率时，为提高全要素生产率而采用新的生产技术，促进技术进步；另一方面，当技术进步促进新技术产生时，由于新技术的推广规模较小，造成规模效率降低，进而导致综合效率的降低。河北省环京津地区2010～2012年甜瓜生产效率的动态 DEA 分析结果显示，综合效率（TEC）为0.632，低于1，为非 DEA 有效，纯技术效率（PTEC）为0.918，非纯技术效率有效，说明其农业科学技术在甜瓜生产过程中并没有得到有效利用，未来在甜瓜生产新技术的研发、推广和应用方面还存在很大的提升空间；规模效率（SEC）为0.688，规模报酬呈递减趋势，说明该地区生产资源利用水平不高，应该通过甜瓜生产技术的不断创新和提升来达到生产规模效率的提升。其静态 DEA 生产效率分解结果显示，综合效率（TEC）为0.585，纯技术效率（PTEC）为0.636，规模效率（SEC）为0.919，根据 Michael Norman 和 Barry Sticker（1991）的分类方法，将河北省环京津地区甜瓜生产效率情况划分为技术无效率（0.9 < SEC < 1，PTEC < 0.9）。对于技术无效率生产决策单元，其综合效率的缺乏是由于纯技术效率的相对偏弱所导致的。河北省甜瓜生产成本相对普遍较高，而生产资源没有得到充分利用，导致要素生产效率和生产效益都相对低下。因此，应该在生产科学技术研发、推广和应用上下功夫，通过改进生产模式，合理调整生产要素投入配置。

四、农业信息化水平低，网络功能不完备

目前环京津地区信息服务系统已初具规模，可有的地方只是浮于表层，并未构建实际主体，比如说与农合组织协作的科技院校等。有的社会部门并未有效体现其主体地位，主要是由于到现在还未构建某一业务棒、形象好的信息普及专业团体。而当下的信息工作者，他们的文化以及业务水平都不是很高，特别缺乏复合型的专业科技人员，在乡镇级别均靠一些人员兼职。针对互联网及电脑等信息基础及科技知识，往往都不熟悉，再加上自己本身有工作，如此效率可想而知。而市、县级别的信息员，大多数也只是体现在信息收集及传播这一层面，且收集到信息之后对其分析评估并解决的水平很低。对于农业信息化来说，农业合作社属于关键平台，属于环京津地区当下信息服务系统的关键构造根基。

农业生产及信息化应密切关联起来，因为许多地区的基层工作者难以切实理清该地农村的实质运作状况，很难将信息优点与地方农业特别地方性的特色农业有效关联，农业信息资源遭受极大阻碍，也很难给农户的生活及生产提供方便。农业技术信息化的发展，与农户的所得紧密关联，然而并未受到农户的普遍欢迎，如此让农业信息服务失掉了指导意味。新信息很难给农户及农民提供相关服务，较大意义上失掉了信息化服务意味，削弱了根本设备的使用率，也使得农业信息化普及的状况不是很好。

环京津地区普及农业信息化，由于所投资金不多，使得网络系统构建迟缓。由于严重缺乏研发资金，研发历程非常缓慢，甚至还比不上信息资源及农业生产的进步速度，这较大意义上制约了网络体系本应彰显的优势。而基层的涉农部门，缺乏运转资金，租赁网络花销、信息收集花销、保养设施花销与具体工作中的耗费品花销相当匮乏，这些方面仅仅靠农业机构难以处理。不多的建设开支，难以确保信息及网络体系的常态化运转。

　　对于农业普及信息化来说，培养信息人才属于推进的重中之重。农业信息及涉农人才不增反减，主要是由于重视程度不够。农业信息资料库的构建及变更速率显得过于迟缓，使得大量的优秀人才都流失掉了，这进一步带来了构建网络体系越来越慢的恶果。农民没有很高的文化素养，农业信息播扬的速度也不是很快，农户对新散布途径送来的相关信息持怀疑态度，这一定程度上增加了农业生产的不稳定性，自然更难以助推农业信息化的进步。为传播信息提供服务者整体风貌，也亟待全方位进步，对服务部门的安排也需要逐步优化。总体来说，没有充分重视农业信息网络人才，相关的培训组织还不完备，所投放的经费不是很多，使得当下与农业信息网络关联的人才极为匮乏。

五、生态环境恶劣，不利于农业可持续发展

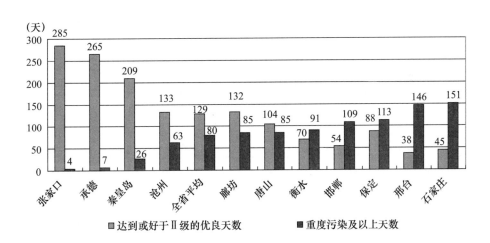

图 5－3　全省达到或优于 Ⅱ 级的优良天数及重度污染及以上天数

资料来源：摘自河北省环境保护厅网站发布的 2013 河北省环境状况公报。

　　近年来，空气质量逐渐成为人们热议的焦点话题，生态环境的优劣与人类的生存质量息息相关，目前环京津地区发展绿色现代农业需要注意的重要问题是在维护好生态环境的基础上开展农业生产。2016 年 1 月，全国空气质量综合指数评

价结果显示，74个城市中，排在后十位的城市中，有6个来自河北省，其中包括保定、石家庄、邢台、邯郸、衡水和唐山。而2015年同期这一排名中出现的河北省城市有保定、邢台、唐山、衡水、石家庄、邯郸和廊坊。其中，同时出现在两份榜单上位于环京津区域的城市就有6个，说明目前环京津地区的生态环境依然较为恶劣，以牺牲环境来换取农业经济发展的生产模式已然过时，有利于环境的可持续发展农业模式才是当前环京津地区乃至河北省农业安身立命之根本。

从全省空气质量来看，如图5-3所示，环京津地区中张家口和承德两地是河北省空气质量最好的地区，分别位列第一和第二位，全年空气质量优良的天数达到了260天以上，而重度污染的天数也是最少的，因此京北地区无疑是大气环境相对乐观的地区。除此之外的其他环京津地区空气质量则均低于全省平均水平，尤其是保定地区，空气质量位列环京津地区的末位。

根据北京市环保局公布的2015年北京市空气质量状况（见表5-4），北京地区2015年全年空气质量级别分布情况中可以看出其中二级以上天数占到一年内总天数的61%，约为223天，而重度污染即五级以下的天数占11.5%，约为42天，数据表明北京市的空气质量优于河北省环京津地区的平均水平。近年来，随着各地对环境保护的重视，森林覆盖率的提高和对重污染行业及企业的控制等措施使每年空气质量达到和好于二级的天数不断增加，环京津地区应该围绕"绿色"和"生态"的主题开展农业生产，为人与自然的良性可持续发展打下良好基础。

表5-4　北京市全年空气质量情况　　　　　　　　　　　单位：天

年份	一级	二级	三级	四级	五级	六级
2013	71	133	64	39	45	13
2014	93	111	72	44	30	15
2015	105	118	63	37	27	15

资料来源：北京市环境保护检测中心。

六、水土资源有限，灾害性气候影响农业生产

近年来，河北省着力推进以减排降污为重点的水污染及大气污染防治工作，先后出台了《河北省海河流域水污染防治规划》《河北省大气污染防治"十二五"规划》《关于加快推进洨河综合整治的实施意见》《河北省农村环境综合整治规划》等一系列文件，2012年省环境保护厅直接审批项目160多个，涉及投资925亿元，强力改善经济高速发展的同时资源环境代价过大的现实问题。自

2006 年，北京市每年拿出 2000 万元生态补偿资金用于环京津地区作为其水源地的经济补偿，北京和承德两地成立京承水资源治理小组，从而也为双方共同水环境的优化奠定了基础。

河北省境内共有七大水系，北京市境内的五大水系，除北运河源于北京市昌平区之外，蓟运河、大清河、潮白河以及永定河均来自河北。发源于兴隆县的蓟运河支流泃河分别于平谷和偏桥子西北进入北京，潮白河中的潮河发源于承德丰宁县、白河发源于沽源县，永定河经由怀来县进入北京，可以说河北省环京津地区的水源质量对北京地区的用水安全起到直接保障的作用。根据 2014 年 11 月河北省环境监测中心站发布的地表水水质月报结果显示，"河北省的 128 个河流断面水质状况呈中度污染。其中，Ⅰ～Ⅲ类水质断面占监测断面总数的 47.7%，Ⅳ类水质占 11.7%，Ⅴ类水质占 11.7%，劣Ⅴ类水质占 28.9%。"从河北省河流水质状况图（见图 5-4）中可以大致看出，环京津地区的地表水多为Ⅲ类水质，相对北京市及冀中、冀南地区水质较好。然而，唐山、廊坊、沧州和保定地区的水质则多为劣Ⅴ类，水环境堪忧。

图例
—— Ⅰ～Ⅱ类水质
—— Ⅲ类水质
—— Ⅳ类水质
—— Ⅴ类水质
—— 劣Ⅴ类水质
—— 河流

图 5-4　河北省河流水质状况

环首都地区是水资源较为匮乏的地区，多年来，北京市由于逐年累进的人口数量导致水资源压力逼近极限，不得不从河北省调取水资源。尽管河北省全年用水量远小于北京市，但从河北的水资源匹配角度看，河北省的缺水程度不亚于北京市。为了保障北京市的水源，河北省环京津地区做出了不小的贡献。

表 5-5　北京、天津、河北水资源指标

单位：亿 m³/a

地区		2006 年	2007 年	2008 年	2009 年	2010 年
北京市	地表水资源（%）	33	30	32	37	31
	地下水资源（%）	80	82	79	73	81
	重复计算量（%）	12	13	11	10	12
	水资源总量	23.18	22.06	23.81	34.2	21.84
	人均水资源总量	151.21	141.52	148.16	205.53	126.61
天津市	地表水资源（%）	67	65	66	74	69
	地下水资源（%）	42	44	42	32	37
	重复计算量（%）	9	9	8	7	6
	水资源总量	10.63	10.11	11.31	18.3	15.24
	人均水资源总量	102.21	95.47	103.29	159.76	126.79
河北省	地表水资源（%）	43	39	33	39	34
	地下水资源（%）	82	88	90	85	87
	重复计算量（%）	25	27	22	23	21
	水资源总量	134.57	107.34	119.79	161	141.16
	人均水资源总量	197	156.14	173.09	231.12	201.32

资料来源：根据北京市水务局网站发布的北京市水资源公报、河北省环境保护厅网站发布的河北省水资源公报、《京津冀发展报告》计算整理得出。

　　平均水资源量主要选取了 2006～2010 年的数据，其目的在于探讨研究区域水资源趋势。从表 5-5 中可以看出，河北省近年来水资源量与多年平均水资源量持平，而天津呈现增多的态势，表明该地区水资源保有量呈良性状态，北京地区呈现减少的态势，意味着该地区呈旱化态势、用水负荷增加，需要密切关注水资源的保持状态。另外，北京、天津地下水资源在近五年都呈现上升趋势，说明水资源总量的提高主要原因是开采地下水增多，然而地下水超采导致的后果是地下水位线的下降及地面沉陷等生态环境恶化现象，这将不利于水资源的可持续发展。

　　人均水资源总量指的是当地人均实际耗用的水量，本研究主要选取 2006～2010 年的数据，便于与近年来平均水资源量进行比较研究。可以看出，北京、天津和河北人均水资源总量均呈现下降趋势，这一状况不利于区域经济可持续发展，北京市的水资源缺口主要依靠外省市支援和地下水超采弥补，南水北调在一定程度上缓解了北京地区用水压力，每年进京水量大约可达 10 亿立方米，另外，北京市需要通过调整产业结构、提高再生水利用以及向周边地区分散和融合城市功能等方式缓解资源压力。河北省的水资源缺口达到每年近 50 亿立方米，这一缺口主要利用超采地下水的方式弥补，同时通过调节水资源的有效配置，加强"虚拟水"战略，完善水生态环境等方式改善目前的缺水状态。环京津地区水资源尚未超用，处在合理范围之内，但基于其周边地区严重的缺水环境，环京津地区在现代农业发展中应加强节水型灌溉技术并保护好水源质量。河北省和环京津地区的农业用水比例均超过北京市农业用水比例，这与研究区域的产业结构是密切相关的。

水资源是农业生产的必要生产资料，因此水资源供需平衡决定了现代农业发展水平的提高。目前，河北省环京津地区水资源短缺的原因首先是由于环京津地区长期肩负着首都饮用水基地的重任，环京津地区水资源紧张，一定程度上削弱了自身发展农业的资源供给进而影响了现代农业发展水平。统计显示，承德供给密云水库的水量达到了整个水库总水量的 56.7%，赤城也是首都密云水库的重要上水区。由于目前农业用水结构不合理，农业的经营方式以耗水量大的粗放型为主，这就意味着水资源的大量流失。工业废水和居民生活用水在没有任何净化措施的情况下直接流入附近水域，使水质受到严重污染，水质污染也使许多灌溉用水质量不达标，不能实施灌溉。水资源的循环再利用设施不够完善，许多地区没有引入回收设备，使资源浪费严重。另外，治理污染的力度不够造成了环境的不断恶化。资源循环有效利用是现代农业可持续发展的关键因素。河北省的年均（1956～2000 年）水资源总量为全国总量的 0.72%，全省人均水资源量约占全国人均水资源量的 13.97%，不足 1/7，且分布不平衡。

近年来，随着第二、第三产业的快速发展和城市用水的不断增多，农业可利用水量相对减少。环京津地区每年春秋季节风沙大，地表水流蒸发量大，农药、化肥污染严重，以平原地区尤甚。常年的过量开采使河北省地下水位线持续下降，地表污水下渗现象严重。而农业用水约占年水资源消耗总量的 74%，因此推广节水灌溉技术，积极引进先进栽培技术，因地制宜地选择适当的特色农产品尤其是耐旱品种进行培育是环京津地区今后发展现代农业的方向。

作为农业生产最重要的生产资源之一的土地是一种稀缺资源，环京津地区的土地不仅发挥了为农业产品提供生产场所的功能，还起到了为京津地区提供生态屏障的重要作用，同时对环京津地区打造宜居的生存空间起到了不可忽视的作用，因此土地的数量和质量就显得十分必要了。然而，随着城镇化建设的进程不断深入，大量农用地转为建筑用地或工业用地，农村土地流转问题进而成为一大社会问题。截至 2014 年，河北省城镇化率为 49.3%，其中张家口城镇化率为 48.95%，沧州城镇化率为 46.21%，承德城镇化率为 44.57%，保定城镇化率为 44.15%，均处在河北省中游偏下水平，廊坊城镇化率为 53%，唐山城镇化率为 54.4%，高于全省平均水平。预计河北省 2020 年城镇化率将达到 57%，加之环京津地区毗邻北京和天津的区位特点，未来迁入人口数量有望持续增长。因此从长远看，尽管环京津地区人口密度低于京津，但环京津地区现代农业土地需求的压力是逐年增大的。城市空间的扩张使农业发展的空间不断缩小，由于长期的不科学的种养方式使存量不多的土地质量也有所下滑。站在可持续发展的角度利用土地资源成为今后环京津地区发展现代农业的必要选择。只有逐步改善土地使用环境，在保证良性循环的基础上充分开发土地资源潜能，才能使有限的土地资源收获高产量。目前，环京津地区的土地质量较差，数量也不具备优势，与急剧增长的人口数量极其不配比，每年的人均占有土地面积呈现下滑趋势。而仅有的土地又普遍存在质量差的问题，导致了生产能力低下。有些地区土地受干旱气候影响，亩产仅为不足 100 千克。水土流失现象严重也进一步加剧了干旱气候的频发。荒山开发困难也是造成土地资源短缺的一个原因，1994~2004 年，承德开发荒山 47 万公顷，速度较慢，今后新开发的土地资源用于林业还是牧业也需要进行合理的规划。因此，环京津地区"在现代农业发展对土地投入的需求"与"现有土地数量和质量的下滑"这对矛盾中，如何在城市人口对农产品的需求增加导致的耕地需求压力增大与有限的农用地资源之间求得平衡，是今后较长一段时间发展现代农业需要处理的重要问题，其关键是促进土地的现代化集约利用。

七、制度设计与城镇化建设进度不同步

总体来看，农村城市化是我国实现全面社会主义现代化的基础。城镇的发展对农业现代化、工业化水平的提高都具有促进意义，农村城市化可以从根本上将城市和农村连成一体，打破过去的二元结构，从而更合理地分配社会资源，提升社会主义经济建设网络，改善农民生存环境，推进社会发展进程，对于我国发展循环经济、实现现代化这一总体战略目标的履行具有重大现实意义。

我国城市化进程大致分为三个阶段，第一个阶段是 1945~1957 年，在这个时期，大量的农民涌入城市，在老城市得以发展的基础上还形成了一批新城市。在此期间，农地产权制度几经改革，极大地促进了农民增收及城市化建设的步伐。第二个阶段是 1958~1977 年，这一时期城市人口有所减少，尤以"文革"前后最为明显，这一时期制度规范主要集中在户籍制度改革上，广大农民迫切需要拥有土地的长期使用权，然而当时国家采取的是集体所有制，很难调动劳动者积极性，生产效率不高。第三个阶段是1978年改革开放以来的近30余年。这一时期，大量农村人口进入城市。与此同时，农业现代化水平不断提高。我国为实现全面城市化的发展提供了许多制度改革保障，为城镇化的顺利发展铺平了道路，近年来更是将"三农"问题放在改革的重点地位，显示了我国正在有条不紊地向社会主义新农村建设这一目标迈进的决心。由此可以看到城市化的发展进程与制度的建设息息相关，适应形势的制度可以带来良好的成效。因此，在当前探讨如何加快城市化建设的步伐这一问题时，是否有合适的制度与之配套显得尤为重要。

环京津地区现代农业的良性发展应该是以城市化建设的顺利进行为基础的，城市化过程是一个多利益主体共同参与的流动的过程，这个过程中政策的合理程度决定人们了解利益意愿的清晰程度，同时也决定了人们交换信息的成本和效率。城市化作为一项流动工程，制度可以决定居民以及资本是否愿意迁移，同时包括迁移的规模、方向、速度等方面。制度安排的效率也可以影响到经济行为主体的行动热情。

环京津地区做好制度改革，首先要做到将制度植入人的认知、观念中，使人们真正认识到执行制度为个人和社会带来的益处，从而将制度内化为人们的共同愿景，这样可以极大程度地降低今后制度的实施成本。另外，要切实将实现农民利益体现在新制度制定中，这涉及农民就业、保障等生活的方方面面，只有充分考虑到了农民需求才能更好地使制度落实下去，持续发挥作用。应该看到，城市化是一个循序渐进的过程，而制度改革也是一个随着城市化进程的不断推进逐渐调整和适应的过程，二者相互促进，不断发展完善制度改革才能实现环京津地区城镇化建设创新的总目标。

尽管在过去的30余年间，我国农村在城市化建设中取得了一些成绩，众多小城镇都显现出了社会效益与经济效益并重的长足发展势态，但我们仍然可以看到，在这种高速发展的背景下，环京津地区农村城市化发展仍然存在不足之处，这些问题如果不及时解决就会逐渐成为阻碍现代农业发展的不利因素。

（1）户籍制度。城市化的核心是人，也就是农民，我国目前的户籍制度在决定人的角色方面具有较大的约束性。由于户籍制度的局限导致农民不能充分自由的去城市购房、就医、工作，子女不能在城市上学，农民无法享受城镇居民同等的待遇，与城镇职工相比仍然存在很大差距，因此在身份上不能转变为市民，相应产生了许多社会问题，诸如留守儿童现象、农民工现象。这种角色的不认同严重滞后于城镇化发展进程，目前已成为阻碍城市化继续发展的屏障，也滋生了社会不安定因素的频发。

（2）就业制度。首先，农村劳动力进入城市工作在选择方面存在先天劣势，长期以来我国城市主要发展的是工业和服务业，工业化水平的不断提高需要劳动力熟练程度较高。而农民长期以土地和农作物为生，对于机械化生产熟悉程度不够，受教育机会也不足，因此农民在选择工作的时候倾向于以手工业为主的劳动密集型行业。随着我国劳动力成本的不断提高，许多发达国家将生产链条的加工企业转移到了其他国家，这使近年来我国的劳动密集型企业逐渐减少，加大了就业压力。另外，为了解决城市原有下岗职工的就业问题，许多地区采取政策壁垒限制农民进入城市就业，这也在一定程度上阻碍了农村劳动力在城市的顺利就业。建立以农业为主的第二产业和第三产业，使失地农民可以驾轻就熟地从事与农业相关的工作可以缓解农村劳动力在新形势下的就业困境。日趋加大的城乡收入比也是大量农民涌入城市的重要原因（见表5-6），近年来，城乡收入差异不断加大，这与人力、资金等优势资源集中在城市是分不开的，只有解决了城乡收入的差异问题，才能更好地使更多的农村劳动力成为现代农业发展的生力军。

表5-6 环京津地区城乡居民收入比较

单位：元

地区		城镇居民人均可支配收入	农村居民人均纯收入	城乡收入差
环京津地区	2014 年	19333.19	6324.60	13008.59
	2010 年	14656.84	4241.48	10415.36
	2005 年	7768.77	2445.66	5323.11
	2000 年	4797.36	1427.55	3369.81

资料来源：2001~2015 年《河北经济年鉴》。

（3）社会保障制度。目前的社会保障服务体系在医疗、养老、失业保障等方面在城乡之间都存在着较大的差异，近年来医药费节节攀升已经成为一个严重的社会问题。仅以新农合医保为例，就比城镇医保的保障力度要相对低一些，一旦劳动者生病或者丧失劳动能力，很难得到社会保障体系的资助，势必面临沉重的家庭负担。传统农民仍然存在养儿防老的思想，这种思想已经逐渐不适应我国目前鼓励实行计划生育的国情。

（4）教育制度。由于长久以来的地区局限，农村的教育资源较城市薄弱，农民的受教育程度普遍较低。在城市化进程中，许多失地农民应运而生，由于学历的局限，农民不得不选择一些技术含量低的工作。这些工作普遍具有风险较高、条件较差、不稳定的特点，一方面很难维持农民的基本生活需求，另一方面由于农民维权意识较差，当自身利益受到侵害时，不能及时有效地维权，这与广大农村的教育制度息息相关。在这种情况下，必要的职业指导是不可缺少的。

本章小结

　　本章从影响河北省环京津地区现代农业发展的有利因素和不利因素两方面进行分析，通过分析总结出河北省环京津地区现代农业发展的有利因素包括政府及非政府组织共同作用，凸显指导作用；农业产业化经营方式利于农业向专业化方向发展；周边高端市场需求导向促使农业经营者从事现代农业生产三个方面。影响河北省环京津地区发展现代农业的不利因素包括人口压力大，高科技人才发展能力不平衡，流失较为严重；区域资本流动能力不均，扩散能力较弱；农业科技研发和推广平台滞后；农业信息化水平低，网络功能不完善；生态环境恶劣，不利于农业可持续发展；水土资源有限，灾害性气候影响农业生产；制度设计与城镇化建设进度不同步等几个方面。

第六章　环京津地区发展现代农业比较优势研究

随着京津冀一体化建设进程的快速发展，河北省环京津地区作为北京和天津的绿色和生态安全屏障，其农业发展的重要性逐步提高。环京津地区发展现代农业的关键在于充分发挥潜在优势，利用区域内优势产业提高竞争力，逐步形成依托周边市场、结合本地资源优势、有序经营的格局并最终实现资源合理配置。因此，本研究将根据环京津地区现代农业发展的现实诉求选择优势产业。

第一节　比较优势分析方法

一、规模优势指数

该指数反映农产品的生产规模和专业化程度。对该指数进行分析可以考察农产品的规模优势。其数学表达式为：

$$SAI_i = \frac{S_{mi}/S_m}{S_{Mi}/S_M}$$

式中，S_{mi}表示 m 地区第 i 种农产品的种植面积或存栏量；S_m表示该地区所有农产品的种植面积或存栏量；S_{Mi}表示 M 地区即全国或全省该种农产品的种植面积或存栏量；S_M表示 M 地区即全国或全省农产品总种植面积或存栏量。当该指标值大于 1 时，表示该产品优于 M 地区平均水平，该值越大竞争力越强；反之则越弱。

二、效率优势指数

该指数指某种农产品的单位面积对应产量的比较优势程度，体现了该产品的生产效率。其数学表达式为：

$$EAI_i = \frac{p_{mi}/p_m}{p_{Mi}/p_M}$$

式中，p_{mi}表示 m 地区第 i 种农产品的单位产量；P_m表示该地区所有农产品的单位产量；p_{Mi}表示 M 地区即全国或全省该种农产品的单位产量；P_M表示 M 地区即全国或全省农产品单位产量。当该指标值大于 1 时，表示该产品优于 M 地区平均水平，该值越大竞争力越强；反之则越弱。

三、综合优势指数

该指数反映了某种农产品在种植面积与单位产量两方面的综合优势，可以更加全面地考量该产品的竞争力。该指标的数学表达式为：

$$AAI_i = \sqrt{EAI_i \times SAI_i}$$

该指标若大于 1，意味着其有综合比较优势，越大竞争力越强；反之则越弱。

四、区位商

区位商是空间聚类分析中用于计算考察多种对象相对分布的方法，分析结果表现为一个相对份额的指标值，其计算公式为：

$$LQ_{ij} = \frac{X_{ij}/\sum_j X_{ij}}{\sum_i X_{ij}/\sum_i \sum_j X_{ij}}$$

式中，LQ_{ij}表示某地区某行业的区位商，X_{ij}表示第 i 地区第 j 种行业的产出指标。当$LQ_{ij} > 1$时，说明 i 地区 j 行业供给能力不仅可以满足本地需求，同时还能够对外供应产品；当$LQ_{ij} < 1$时，说明 i 地区 j 行业供给能力不具备满足本地需求的能力，必须从外部调入产品以弥补需求，而当$LQ_{ij} = 1$，则表明供求平衡。

五、显示性对称比较优势指数

由于区位商方法有一个缺陷，即与 1 以下的值相比，这个方法在回归中更看重 1 以上的值。例如，当区位商同样提高 2 倍的情况下，由 1～2 和由 1/2～1 的绝对差值却为 1 和 1/2。因此，可以利用显示性对称比较优势指数 RSCA 这一指标来弥补这一缺陷。

$$RSCA_{ij} = (LQ_{ij} - 1)/(LQ_{ij} + 1)$$

这一指标值的取值在 -1～1，当其在 0～1 时，代表其具有较高的比较优势，在 -1～0 时则说明该地区无比较优势。

第二节 环京津地区主要农产品比较优势分析

本研究根据 2015 年《河北农村统计年鉴》中提供的数据测算环京津地区各县 SAI_i、EAI_i、AAI_i 三个指标，力求找到该地区具有比较优势的粮食产品。其目的在于使环京津地区有效利用优势产品发展现代农业，提升当地农业经济发展水平。

一、粮食作物

对粮食作物的规模比较优势研究如表 6-1、表 6-2 所示，依据各表中数值，可以更加清晰直观地反映环京津地区各县农产品的比较优势情况。本研究中选取的环京津地区主要粮食作物包括稻谷、小麦、玉米和大豆。

表 6-1 环京津地区各县主要农作物比较优势指标值（一）

地区		稻谷			小麦			玉米		
		SAI	EAI	AAI	SAI	EAI	AAI	SAI	EAI	AAI
唐山	开平区	0.16	1.09	0.42	0.51	0.91	0.68	2.01	1.16	1.53
	丰南区	8.03	0.71	2.39	0.21	0.47	0.32	0.48	0.68	0.57
	丰润区	0.00	0.00	0.00	0.59	0.71	0.65	1.27	0.97	1.11
	曹妃甸区	148.06	1.69	15.83	0.02	1.45	0.17	0.31	1.95	0.78
	滦县	0.72	0.60	0.66	0.35	0.62	0.46	1.43	0.95	1.16
	滦南县	8.41	0.56	2.18	2.31	3.81	2.96	0.42	0.50	0.46
	乐亭县	2.57	0.50	1.13	0.15	0.36	0.23	0.40	0.46	0.43
	迁西县	0.00	0.00	0.00	0.00	0.00	0.00	2.84	1.36	1.96
	玉田县	0.01	0.06	0.02	0.04	0.05	0.04	0.08	0.07	0.07
	遵化市	0.02	1.20	0.15	0.38	0.64	0.49	1.37	0.89	1.11
	迁安市	0.22	0.61	0.36	0.15	0.43	0.25	0.94	0.66	0.79
保定	满城县	0.00	0.00	0.00	1.37	1.10	1.23	1.41	1.27	1.34
	清苑县	0.00	0.00	0.00	1.20	0.93	1.06	1.26	1.21	1.24
	涞水县	0.00	0.00	0.00	1.49	1.29	1.39	2.01	1.49	1.73
	阜平县	0.00	0.00	0.00	0.52	1.53	0.90	3.22	1.78	2.40
	徐水县	0.00	0.00	0.00	1.22	0.89	1.04	1.27	1.15	1.21
	定兴县	0.00	0.00	0.00	1.65	1.13	1.36	1.80	1.60	1.70

续表

地区		稻谷			小麦			玉米		
		SAI	EAI	AAI	SAI	EAI	AAI	SAI	EAI	AAI
保定	唐县	0.51	0.70	0.59	1.34	1.10	1.21	1.59	1.45	1.52
	高阳县	0.00	0.00	0.00	1.17	1.14	1.16	1.72	1.58	1.65
	容城县	0.00	0.00	0.00	1.87	1.30	1.56	2.15	1.80	1.97
	涞源县	0.80	1.35	1.04	0.01	1.57	0.14	3.13	1.48	2.15
	望都县	0.00	0.00	0.00	1.62	1.05	1.30	1.48	1.50	1.49
	安新县	2.61	2.33	2.46	3.21	2.24	2.68	2.62	2.44	2.53
	易县	0.00	0.00	0.00	1.16	1.17	1.17	1.76	1.23	1.47
	曲阳县	0.00	0.00	0.00	1.61	1.59	1.60	2.24	1.50	1.83
	蠡县	0.00	0.00	0.00	1.26	1.10	1.18	1.29	1.31	1.30
	顺平县	0.24	0.72	0.42	1.14	0.93	1.03	1.11	1.03	1.07
	博野县	0.00	0.00	0.00	0.95	0.79	0.87	1.11	1.14	1.12
	雄县	0.00	0.00	0.00	1.66	1.42	1.53	2.32	1.70	1.99
	涿州市	0.53	0.98	0.72	1.13	0.98	1.06	1.33	1.17	1.25
	定州市	0.00	0.00	0.00	0.84	0.65	0.74	0.76	0.91	0.83
	安国市	0.00	0.00	0.00	2.13	1.38	1.71	2.12	1.89	2.00
	高碑店市	0.00	0.00	0.00	1.68	1.24	1.45	2.08	1.75	1.91
张家口	宣化县	0.00	0.00	0.00	0.00	0.00	0.00	2.22	1.13	1.59
	张北县	0.00	0.00	0.00	0.06	0.06	0.06	0.00	0.00	0.00
	康保县	0.00	0.00	0.00	0.23	0.10	0.15	0.00	0.00	0.00
	沽源县	0.00	0.00	0.00	0.00	0.03	0.01	0.01	0.17	0.05
	尚义县	0.00	0.00	0.00	0.06	0.05	0.05	0.06	0.25	0.12
	蔚县	0.85	0.64	0.73	0.00	0.00	0.00	1.61	0.85	1.17
	阳原县	0.03	0.63	0.13	0.00	0.00	0.00	3.15	1.51	2.18
	怀安县	1.72	1.44	1.58	0.00	0.00	0.00	2.18	1.11	1.55
	万全县	2.12	1.40	1.72	0.00	0.00	0.00	4.05	1.88	2.76
	怀来县	1.28	1.08	1.18	0.00	0.00	0.00	2.95	1.45	2.06
	涿鹿县	1.05	0.86	0.95	0.00	0.85	0.06	2.68	1.38	1.92
	赤城县	0.00	0.00	0.00	0.00	0.00	0.00	0.40	0.31	0.35
	崇礼县	0.00	0.00	0.00	0.02	0.10	0.05	0.09	0.24	0.14

续表

地区		稻谷			小麦			玉米		
		SAI	EAI	AAI	SAI	EAI	AAI	SAI	EAI	AAI
承德	承德县	2.35	1.39	1.81	0.00	0.00	0.00	2.56	1.33	1.85
	兴隆县	0.00	0.00	0.00	0.00	0.00	0.00	2.91	1.41	2.03
	平泉县	0.09	0.56	0.22	0.00	0.00	0.00	1.80	0.87	1.25
	滦平县	1.02	0.44	0.67	0.00	0.00	0.00	0.73	0.51	0.61
	隆化县	33.34	1.19	6.29	0.00	0.00	0.00	1.48	1.26	1.36
	丰宁县	0.06	1.08	0.26	0.21	0.27	0.24	0.91	0.66	0.78
	宽城县	1.70	1.28	1.47	0.00	0.00	0.00	1.60	0.81	1.14
	围场县	0.47	0.76	0.60	0.00	0.14	0.02	0.52	0.34	0.42
沧州	沧县	0.00	0.00	0.00	2.42	1.92	2.16	3.01	2.27	2.61
	青县	0.00	0.00	0.00	0.27	0.42	0.34	0.65	0.54	0.59
	东光县	0.00	0.00	0.00	2.65	2.40	2.52	2.12	2.60	2.35
	海兴县	4.24	2.55	3.29	2.88	2.06	2.43	2.98	2.70	2.83
	盐山县	0.00	0.00	0.00	2.65	1.78	2.17	2.01	1.75	1.88
	肃宁县	0.00	0.00	0.00	0.98	0.80	0.88	0.98	0.93	0.95
	南皮县	0.00	0.00	0.00	1.81	1.49	1.64	1.60	1.70	1.65
	吴桥县	0.00	0.00	0.00	2.23	1.84	2.02	2.22	2.45	2.33
	献县	0.00	0.00	0.00	1.73	1.50	1.61	1.68	1.76	1.72
	孟村	0.00	0.00	0.00	3.08	2.05	2.51	4.00	2.99	3.46
	泊头市	0.00	0.00	0.00	2.90	2.08	2.46	3.32	2.56	2.91
	任丘市	0.00	0.00	0.00	1.65	1.40	1.52	1.91	1.67	1.79
	黄骅市	0.00	0.00	0.00	2.03	1.41	1.69	2.32	2.05	2.18
	河间市	0.00	0.00	0.00	1.63	1.55	1.59	2.00	1.82	1.91
廊坊	安次区	0.00	0.00	0.00	0.11	0.96	0.32	1.92	1.37	1.62
	广阳区	0.00	0.00	0.00	0.28	0.45	0.35	0.43	0.52	0.47
	固安县	0.00	0.00	0.00	0.42	0.50	0.46	0.47	0.60	0.53
	永清县	0.00	0.00	0.00	0.10	0.37	0.20	0.48	0.52	0.50
	香河县	0.00	0.00	0.00	0.53	0.58	0.55	0.75	0.75	0.75
	大城县	0.00	0.00	0.00	0.38	1.52	0.76	3.59	1.84	2.57
	文安县	0.00	0.00	0.00	0.76	1.59	1.10	4.34	2.43	3.24
	大厂	0.00	0.00	0.00	0.84	0.81	0.83	1.31	1.06	1.18
	霸州市	0.00	0.00	0.00	0.43	0.86	0.60	1.35	1.11	1.22
	三河市	0.00	0.00	0.00	0.56	0.66	0.61	1.01	0.89	0.95

资料来源：根据 2015 年《河北农村统计年鉴》计算求得。

表6-2 环京津地区各县主要农作物比较优势指标值（二）

地区		大豆			油料			蔬菜		
		SAI	EAI	AAI	SAI	EAI	AAI	SAI	EAI	AAI
唐山	开平区	0.12	1.82	0.47	4.92	1.40	2.62	0.87	0.91	0.89
	丰南区	0.15	0.71	0.33	1.02	0.72	0.85	1.20	0.52	0.79
	丰润区	0.50	1.69	0.92	2.18	1.17	1.60	1.03	0.72	0.86
	曹妃甸区	0.22	2.72	0.78	0.24	1.61	0.62	0.41	1.02	0.65
	滦县	1.28	0.95	1.10	4.84	1.03	2.23	1.00	0.74	0.86
	滦南县	1.34	0.84	1.06	1.62	0.62	1.00	0.83	0.41	0.58
	乐亭县	0.75	0.58	0.66	0.37	0.66	0.50	1.27	0.43	0.74
	迁西县	8.85	1.95	4.15	3.82	1.34	2.26	0.80	1.39	1.06
	玉田县	0.05	0.06	0.05	0.01	0.07	0.03	1.37	0.72	0.99
	遵化市	2.07	1.08	1.50	4.41	1.19	2.29	1.01	0.82	0.91
	迁安市	3.07	1.13	1.86	2.87	0.65	1.37	1.15	0.61	0.84
保定	满城县	0.64	1.47	0.97	0.58	1.39	0.89	0.88	0.79	0.84
	清苑县	0.84	1.84	1.24	1.35	1.33	1.34	0.93	0.79	0.86
	涞水县	2.14	1.92	2.02	3.57	1.90	2.61	0.71	1.02	0.85
	阜平县	4.48	1.55	2.63	4.34	1.94	2.90	0.65	0.69	0.67
	徐水县	0.39	1.09	0.65	0.45	1.36	0.78	0.94	0.94	0.94
	定兴县	1.13	2.24	1.59	1.48	1.79	1.63	0.75	1.04	0.88
	唐县	1.68	2.19	1.92	0.88	1.17	1.01	0.85	0.85	0.85
	高阳县	1.88	1.41	1.63	2.80	1.70	2.18	0.82	0.70	0.76
	容城县	2.76	3.18	2.96	1.37	1.96	1.64	0.65	1.19	0.88
	涞源县	10.67	3.27	5.91	0.27	1.35	0.60	0.79	1.08	0.92
	望都县	0.53	1.32	0.84	1.01	1.68	1.30	0.82	0.96	0.89
	安新县	0.15	3.22	0.69	0.22	2.85	0.79	0.30	2.02	0.78
	易县	0.67	1.12	0.86	2.61	1.50	1.98	0.83	1.05	0.94
	曲阳县	2.72	2.17	2.43	2.18	1.53	1.82	0.66	1.27	0.92
	蠡县	1.99	1.54	1.75	2.08	1.41	1.71	0.90	0.82	0.86
	顺平县	1.63	3.28	2.31	1.23	1.31	1.27	0.97	0.76	0.86
	博野县	1.50	1.85	1.66	1.68	1.26	1.45	0.99	0.76	0.87
	雄县	2.88	2.33	2.59	0.98	1.69	1.28	0.66	1.14	0.87
	涿州市	0.84	1.50	1.12	1.33	1.13	1.22	0.93	0.73	0.82
	定州市	0.44	1.28	0.75	1.84	0.99	1.35	1.08	0.60	0.81
	安国市	0.00	0.00	0.00	4.16	2.20	3.02	0.57	1.02	0.76
	高碑店市	0.53	1.77	0.97	4.48	1.91	2.93	0.65	0.89	0.76

续表

地区		大豆			油料			蔬菜		
		SAI	EAI	AAI	SAI	EAI	AAI	SAI	EAI	AAI
张家口	宣化县	1.79	0.64	1.07	0.55	0.46	0.50	0.98	0.80	0.89
	张北县	0.18	0.14	0.16	0.70	0.12	0.29	0.90	0.39	0.59
	康保县	0.37	0.50	0.43	0.55	0.20	0.33	1.19	0.70	0.91
	沽源县	0.00	0.00	0.00	0.47	0.06	0.16	1.33	0.23	0.55
	尚义县	0.76	0.27	0.45	0.81	0.16	0.36	1.26	0.41	0.72
	蔚县	1.63	0.51	0.92	0.93	0.52	0.70	1.07	0.84	0.95
	阳原县	5.65	0.85	2.19	3.42	1.23	2.05	0.76	1.52	1.08
	怀安县	2.12	1.29	1.65	1.30	0.86	1.06	0.96	0.77	0.86
	万全县	1.34	1.93	1.61	0.51	0.88	0.67	0.64	0.76	0.69
	怀来县	1.80	1.07	1.39	0.52	0.80	0.64	0.84	0.80	0.82
	涿鹿县	3.00	0.99	1.72	0.30	0.55	0.40	0.89	0.78	0.83
	赤城县	1.22	0.37	0.67	0.24	0.16	0.20	1.31	0.45	0.77
	崇礼县	0.01	0.45	0.06	0.12	0.13	0.13	1.37	0.27	0.61
承德	承德县	3.75	1.60	2.45	0.06	1.09	0.26	0.91	0.72	0.81
	兴隆县	8.19	2.34	4.38	0.30	2.32	0.83	0.84	0.95	0.89
	平泉县	0.96	0.50	0.69	0.02	0.27	0.07	1.06	1.07	1.07
	滦平县	2.34	0.99	1.52	0.03	0.49	0.12	1.25	0.50	0.79
	隆化县	3.55	2.03	2.69	0.53	1.18	0.79	0.90	0.59	0.73
	丰宁县	0.67	1.35	0.95	0.48	0.48	0.48	1.18	0.83	0.99
	宽城县	3.52	0.82	1.70	0.36	1.36	0.70	1.08	1.11	1.09
	围场县	0.59	0.78	0.68	0.30	0.51	0.39	1.29	0.51	0.81
沧州	沧县	6.37	2.07	3.63	0.22	2.05	0.68	0.40	2.15	0.92
	青县	0.33	0.59	0.44	0.05	0.48	0.16	1.23	0.59	0.85
	东光县	1.17	4.37	2.26	0.48	2.27	1.04	0.46	1.78	0.90
	海兴县	4.71	2.86	3.67	0.91	2.37	1.47	0.27	2.16	0.76
	盐山县	3.14	2.29	2.68	0.34	0.93	0.57	0.54	2.31	1.12
	肃宁县	0.29	1.11	0.56	0.75	1.09	0.90	1.03	0.77	0.89
	南皮县	0.33	1.79	0.76	0.40	1.94	0.88	0.74	1.77	1.15
	吴桥县	0.67	4.12	1.65	0.22	2.46	0.73	0.56	1.20	0.82
	献县	5.14	2.37	3.49	3.56	2.23	2.82	0.69	1.06	0.86
	孟村	1.34	4.17	2.36	1.03	3.55	1.91	0.10	2.64	0.53

续表

地区		大豆			油料			蔬菜		
		SAI	EAI	AAI	SAI	EAI	AAI	SAI	EAI	AAI
沧州	泊头市	1.90	2.13	2.01	0.08	1.42	0.35	0.27	1.49	0.63
	任丘市	2.22	1.50	1.83	0.69	1.28	0.94	0.73	1.07	0.89
	黄骅市	8.80	2.84	5.00	0.67	2.22	1.22	0.57	2.12	1.10
	河间市	4.72	2.26	3.27	3.79	2.26	2.92	0.65	1.13	0.86
廊坊	安次区	4.49	1.12	2.24	1.47	0.88	1.14	0.96	1.08	1.02
	广阳区	0.67	0.86	0.76	0.41	0.41	0.41	1.26	0.42	0.73
	固安县	0.45	0.67	0.55	0.45	0.67	0.55	1.23	0.44	0.74
	永清县	0.83	0.49	0.64	0.52	0.40	0.46	1.28	0.45	0.76
	香河县	0.16	1.05	0.41	0.02	0.70	0.10	1.16	0.54	0.80
	大城县	5.09	2.87	3.82	0.36	1.61	0.76	0.65	1.39	0.95
	文安县	5.61	2.22	3.53	0.10	1.31	0.36	0.44	1.77	0.89
	大厂	0.43	1.43	0.78	0.00	0.00	0.00	1.01	0.76	0.88
	霸州市	2.89	1.13	1.80	1.08	1.12	1.10	1.04	0.89	0.96
	三河市	0.93	1.20	1.06	0.04	0.66	0.16	1.11	0.60	0.81

资料来源：根据 2015 年《河北农村统计年鉴》计算求得。

　　稻谷的规模比较优势最大的是唐山曹妃甸区和承德隆化县，其种植规模比较优势达到 148.06 和 33.34，单产比较优势也较高，达到 1.69 和 1.19，综合比较优势为 15.83 和 6.29，在今后的发展中应抓紧产业优势，发展龙头企业，带动该地区经济的增长。另外，滦南县、唐山市丰南区种植规模比较优势也排在靠前的位置。然而从生产能力看，海安县、安新县单产优势较为明显，分别排在第一、第二的位置。总体看唐山的稻谷生产优于环京津地区平均水平。

　　小麦在环京津地区中规模比较优势集中在沧州地区，相对分值较高的孟村 SAI 值为 3.08，而单产比较优势中分值较高的是泊头市、海兴县和孟村，三县不仅生产小麦能力较强，种植面积也较大，因此构成综合比较优势。从综合比较优势的指标值看，全省除唐山滦南县和保定安新县分值较高外，其他高指标值地区均在沧州，因此从规模经济的角度出发，沧州应将重点产业放在小麦生产上。

　　玉米生产规模较大的县分散在环京津地区的各个区域，其中唐山 SAI 指标值超过 2.5 的地区有迁西县；保定地区有阜平县、涞源县、安新县；张家口地区有阳原县、怀来县、涿鹿县和万全县；承德地区包括承德县、兴隆县；沧州地区包括孟村、沧县、海兴县、泊头市；廊坊包括大城县、文安县。这些地区效率优势指数靠前的有安新县、孟村、泊头市、海兴县和文安县。最后是安新县、泊头市、海兴县、文安县，综合比较优势指标值均在2.5以上。

大豆规模比较优势较大的依次为涞源县、迁西县、黄骅市、兴隆县，均高于8。单产比较优势依次为孟村、吴桥县、顺平县、涞源县，均在4以上，综合比较优势排名前五的分别为涞源县、兴隆县、迁西县、大城县、海兴县。

值得一提的是，曹妃甸和安新尽管种植规模不大，但几乎每种蔬菜单产效率却较高，足见该地区生产能力强，现代农业发展水平较高。

二、油料

油料生产规模比较优势大于4的依次为开平区、滦县、遵化市、高碑店市、阜平县、安国市，效率比较优势大于2的依次为孟村、安新县、吴桥县、海兴县、兴隆县、东光县、献县、河间市、黄骅市、安国市，综合比较优势排名前五的分别为安国市、高碑店市、河间市、献县、涞水县。

滦县虽然生产规模较大，然而由于单产不高，因此综合比较优势不强，因此运用先进生产手段提高单产是该地区的首要任务。

三、蔬菜

蔬菜生产规模比较优势最大的为玉田县和崇礼县，SAI指数值为1.37，其次是沽源县，SAI指数值为1.33，紧随其后的是赤城县、围场满族蒙古族自治县、永清县、广阳区、固安县也具有一定的比较优势。值得注意的是，廊坊地区在蔬菜生产上形成了规模优势，但单产效率不高，导致综合比较优势并不突出，因此应该加大廊坊地区蔬菜生产的技术水平，提高其生产效率。

四、肉类、禽蛋类及奶制品

承德地区的肉类生产规模优势显著，8个县中除丰宁县外，其他县肉类规模优势指数均大于1。另外，张家口的赤城县、尚义县，保定的涞水县、易县和涞源县，唐山的遵化市分值也较高。这些地区的共同地貌特点主要是以山区为主，利于饲养牛羊，因此成为环京津地区畜牧业重点发展的地区（见表6-3）。

禽蛋类发展比较集中的地方主要在沧州地区，其中沧县、青县、东光县、肃宁县、南皮县、吴桥县、献县、泊头市、河间市的禽蛋规模优势指数均大于1，体现了该地区在禽蛋生产方面的优势地位，今后应将该产业作为重点产业发展。

表6-3 环京津地区各县主要畜产品存栏规模比较优势指标值（三）

地区		肉类			禽蛋类			奶制品			水产品		
		SAI	EAI	AAI	SAI	EAI	AAI	SAI	EAI	AAI	SAI	EAI	AAI
唐山	开平区	0.61	—	—	0.37	—	—	1.63	—	—	2.45	—	—
	丰南区	0.64	—	—	0.18	—	—	1.24	—	—	5.53	—	—
	丰润区	0.60	—	—	0.49	—	—	1.87	—	—	0.42	—	—
	曹妃甸区	0.50	—	—	0.14	—	—	0.06	—	—	13.60	—	—
	滦县	0.31	0.26	0.28	0.31	0.63	0.44	2.34	4.61	3.28	0.12	0.02	0.05
	滦南县	0.51	0.42	0.46	0.18	0.36	0.26	1.96	3.85	2.75	1.93	0.37	0.85
	乐亭县	0.44	0.36	0.40	0.25	0.52	0.36	0.75	1.47	1.05	9.27	1.80	4.09
	迁西县	0.76	0.62	0.68	0.34	0.71	0.49	0.65	1.29	0.91	7.59	1.48	3.35
	玉田县	1.20	0.98	1.08	0.95	1.98	1.37	0.96	1.89	1.35	0.32	0.06	0.14
	遵化市	1.93	1.57	1.74	0.74	1.53	1.06	0.42	0.82	0.59	0.48	0.09	0.21
	迁安市	0.95	0.77	0.86	0.51	1.06	0.74	1.60	3.14	2.24	0.04	0.01	0.02
保定	满城县	0.76	0.62	0.69	1.41	2.92	2.03	1.05	2.07	1.47	0.07	0.01	0.03
	清苑县	0.51	0.41	0.46	1.09	2.27	1.57	1.55	3.05	2.17	0.01	0.00	0.00
	涞水县	2.04	1.66	1.84	0.38	0.79	0.55	0.65	1.27	0.91	0.21	0.04	0.09
	阜平县	0.93	0.75	0.84	0.61	1.26	0.88	0.74	1.45	1.04	4.88	0.95	2.15
	徐水县	0.87	0.71	0.79	0.34	0.71	0.49	1.81	3.55	2.54	0.02	0.00	0.01
	定兴县	1.49	1.22	1.35	1.03	2.13	1.48	0.67	1.32	0.94	0.05	0.01	0.02
	唐县	1.52	1.24	1.37	0.96	1.98	1.38	0.64	1.27	0.90	0.43	0.08	0.19
	高阳县	0.74	0.61	0.67	0.88	1.83	1.27	1.48	2.90	2.07	0.13	0.03	0.06
	容城县	1.73	1.41	1.56	0.45	0.93	0.65	0.84	1.65	1.18	0.47	0.09	0.21
	涞源县	1.95	1.59	1.76	1.16	2.41	1.67	0.00	0.01	0.00	0.83	0.16	0.37
	望都县	0.66	0.54	0.60	0.72	1.49	1.03	1.71	3.36	2.40	0.01	0.00	0.00
	安新县	0.42	0.35	0.38	1.02	2.11	1.47	0.31	0.62	0.44	8.30	1.61	3.66
	易县	2.06	1.68	1.86	0.78	1.61	1.12	0.18	0.35	0.25	1.02	0.2	0.45
	曲阳县	0.84	0.69	0.76	0.47	0.98	0.68	1.64	3.23	2.30	0.54	0.11	0.24
	蠡县	0.81	0.66	0.73	1.26	2.62	1.82	1.14	2.23	1.60	0.00	0.00	0.00
	顺平县	1.52	1.24	1.37	0.59	1.23	0.85	0.99	1.95	1.39	0.06	0.01	0.03
	博野县	1.79	1.46	1.62	1.04	2.16	1.50	0.39	0.76	0.55	0.00	0.00	0.00
	雄县	2.00	1.63	1.80	0.90	1.87	1.30	0.24	0.47	0.34	0.43	0.08	0.19
	涿州市	1.59	1.29	1.43	0.57	1.18	0.82	0.92	1.80	1.29	0.24	0.05	0.11
	定州市	0.81	0.66	0.73	0.71	1.48	1.02	1.57	3.09	2.20	0.00	0.00	0.00
	安国市	1.30	1.06	1.18	1.33	2.75	1.91	0.62	1.22	0.87	0.00	0.00	0.00
	高碑店市	1.34	1.09	1.21	1.26	2.61	1.81	0.63	1.24	0.88	0.05	0.01	0.02

续表

地区		肉类			禽蛋类			奶制品			水产品		
		SAI	EAI	AAI	SAI	EAI	AAI	SAI	EAI	AAI	SAI	EAI	AAI
张家口	宣化县	0.87	0.71	0.79	0.72	1.49	1.03	1.51	2.96	2.12	0.04	0.01	0.02
	张北县	0.26	0.21	0.24	0.03	0.07	0.05	2.63	5.16	3.68	0.02	0.00	0.01
	康保县	0.64	0.53	0.58	0.09	0.19	0.13	2.22	4.37	3.11	0.01	0.00	0.00
	沽源县	0.24	0.2	0.22	0.04	0.08	0.06	2.59	5.09	3.63	0.33	0.06	0.15
	尚义县	1.98	1.61	1.79	0.22	0.46	0.32	0.84	1.66	1.18	0.13	0.03	0.06
	蔚县	1.27	1.03	1.15	1.13	2.35	1.63	0.79	1.56	1.11	0.08	0.02	0.04
	阳原县	0.97	0.79	0.88	2.03	4.22	2.93	0.36	0.7	0.50	0.11	0.02	0.05
	怀安县	1.15	0.94	1.04	0.15	0.31	0.22	1.69	3.31	2.37	0.08	0.02	0.04
	万全县	0.87	0.71	0.79	0.29	0.61	0.42	1.85	3.63	2.59	0.00	0.00	0.00
	怀来县	0.75	0.61	0.68	0.28	0.57	0.40	1.84	3.62	2.58	0.78	0.15	0.34
	涿鹿县	0.70	0.57	0.63	0.78	1.62	1.12	1.62	3.18	2.27	0.04	0.01	0.02
	赤城县	2.02	1.65	1.82	0.43	0.90	0.62	0.60	1.18	0.84	0.34	0.07	0.15
	崇礼县	0.45	0.37	0.41	0.27	0.56	0.39	2.26	4.44	3.17	0.01	0.00	0.00
承德	承德县	2.42	1.98	2.19	0.74	1.53	1.07	0.01	0.01	0.01	0.16	0.03	0.07
	兴隆县	1.79	1.46	1.62	0.73	1.51	1.05	0.14	0.28	0.20	2.97	0.58	1.31
	平泉县	1.68	1.37	1.52	1.48	3.06	2.13	0.06	0.12	0.09	0.51	0.10	0.23
	滦平县	2.55	2.08	2.30	0.28	0.58	0.40	0.25	0.49	0.35	0.18	0.04	0.08
	隆化县	2.47	2.01	2.23	0.42	0.86	0.60	0.23	0.45	0.32	0.13	0.02	0.06
	丰宁县	0.90	0.74	0.81	0.38	0.79	0.55	1.68	3.30	2.35	0.43	0.08	0.19
	宽城县	1.34	1.09	1.21	0.47	0.98	0.68	0.09	0.18	0.13	7.10	1.38	3.13
	围场县	1.65	1.34	1.49	0.48	1.00	0.69	0.90	1.77	1.26	0.41	0.08	0.18
沧州	沧县	1.39	1.14	1.26	1.53	3.17	2.20	0.37	0.72	0.52	0.05	0.01	0.02
	青县	0.75	0.61	0.68	1.27	2.64	1.83	1.17	2.29	1.64	0.10	0.02	0.04
	东光县	1.63	1.33	1.47	1.48	3.07	2.13	0.13	0.26	0.19	0.33	0.06	0.15
	海兴县	0.46	0.92	0.65	0.28	1.40	0.63	1.91	0.92	1.33	2.05	0.97	1.41
	盐山县	2.35	1.92	2.12	0.85	1.76	1.22	0.00	0.00	0.00	0.09	0.02	0.04
	肃宁县	1.66	1.35	1.50	1.43	2.96	2.06	0.21	0.41	0.29	0.00	0.00	0.00
	南皮县	1.89	1.54	1.71	1.35	2.79	1.94	0.00	0.00	0.00	0.34	0.07	0.15
	吴桥县	1.84	1.50	1.66	1.46	3.02	2.10	0.00	0.00	0.00	0.10	0.02	0.04
	献县	1.29	1.05	1.16	1.63	3.38	2.35	0.27	0.53	0.38	0.75	0.15	0.33
	孟村	2.78	2.27	2.51	0.34	0.71	0.49	0.00	0.00	0.00	0.06	0.01	0.03

续表

地区		肉类			禽蛋类			奶制品			水产品		
		SAI	EAI	AAI	SAI	EAI	AAI	SAI	EAI	AAI	SAI	EAI	AAI
沧州	泊头市	1.16	0.95	1.05	2.06	4.27	2.97	0.15	0.29	0.21	0.15	0.03	0.07
	任丘市	1.65	1.35	1.49	0.75	1.56	1.08	0.22	0.43	0.31	3.20	0.62	1.41
	黄骅市	1.12	0.92	1.01	0.48	0.99	0.69	0.09	0.17	0.12	8.28	1.61	3.65
	河间市	1.79	1.46	1.62	1.47	3.05	2.12	0.02	0.03	0.03	0.20	0.04	0.09
廊坊	安次区	0.89	—	—	1.45	—	—	0.83	—	—	0.46	—	—
	广阳区	0.91	—	—	0.88	—	—	1.32	—	—	0.16	—	—
	固安县	1.85	1.51	1.67	0.52	1.08	0.75	0.73	1.44	1.03	0.09	0.02	0.04
	永清县	1.57	1.28	1.42	0.37	0.77	0.53	1.12	2.21	1.57	0.06	0.01	0.03
	香河县	1.09	0.89	0.99	1.59	3.30	2.29	0.44	0.86	0.61	1.04	0.20	0.46
	大城县	1.35	1.10	1.22	1.30	2.70	1.87	0.57	1.12	0.80	0.18	0.03	0.08
	文安县	1.17	0.96	1.06	1.57	3.26	2.26	0.07	0.13	0.10	2.90	0.56	1.28
	大厂	2.36	1.92	2.13	0.58	1.21	0.84	0.00	0.00	0.00	1.33	0.26	0.59
	霸州市	1.48	1.20	1.33	1.10	2.28	1.58	0.21	0.42	0.30	2.58	0.50	1.14
	三河市	0.99	0.81	0.89	0.40	0.82	0.57	1.50	2.94	2.10	0.96	0.19	0.42

资料来源：根据 2015 年《河北农村统计年鉴》计算求得。

　　河北省多个地区均有奶制品品牌，如石家庄的君乐宝，保定的天香，另外国内知名的蒙牛和伊利也分别在唐山、张家口、保定、衡水等地投资建设 7 家工厂。从奶制品规模指数看，唐山的开平区、丰润区、滦县、滦南县、迁安市，保定的清苑县、徐水县、望都县、曲阳县、定州市均高于 1.5，张家口的张北县、康保县、沽源县、崇礼县均高于 2，沧州的海兴县规模优势指数也较高，可以看出张家口的奶制品生产规模较大，这与该地区畜牧业发展较为发达密切相关。

五、水产品

　　水产品生产规模主要受地形地貌的影响，沿海地区具有得天独厚的优势，环京津地区中唐山和沧州靠海，因此从水产品生产规模指数看，分值较高的地区多集中在这两个地区。曹妃甸区排名第一，乐亭县、安新县、黄骅市、迁西县分值也较高。这些地区应充分发挥其得天独厚的地理优势，并在丰富水产品品种和提升水产品品质方面下功夫。

六、综合评价

　　综合以上指标值信息，按照各县分别将其指标值进行汇总，以此分析各县具有比较优势的产业，从而有利于各县在发展现代农业的过程中抓住主要优势，扬长避短，利用优势资源取得经济利益最大化。

唐山地区现代农业发展水平较高，在粮食、水产品、油料、奶制品方面生产规模都较大，其中曹妃甸区从生产规模和单产效率方面比较优势都非常突出，这和第四章因子分析法对各县区评分得出的结论吻合，也和目前曹妃甸的发展方向一致。曹妃甸区在2012年经国务院批准设立，作为京津冀发展的核心区致力于发展依托高科技含量的绿色生态现代农业。保定地区的粮食生产规模较大，其中大豆、油料综合优势较为明显。张家口地区的玉米、大豆、肉类、奶制品规模优势最为明显，但单产效率较低，仅万全县、阳原县、怀安县单产效率优势明显。单产比较优势中，各县最明显的均为蔬菜。另外，宣化县、蔚县、阳原县、怀安县、万全县、怀来县、涿鹿县的玉米和大豆以及万全县的稻谷都具有较好的综合比较优势，领先于全省平均水平。承德地区的蔬菜、稻谷、玉米、大豆、肉类规模较大，然而单产同样相对不高，应该在提高生产效率方面多下功夫。承德地区规模比较优势最为明显的是隆化县的稻谷，其次是承德县、兴隆县、平泉县、滦平县、宽城满族自治县的大豆和隆化县、丰宁满族自治县、围场满族蒙古族自治县的牛也具有较高的规模比较优势；承德地区各县的单产比较优势最强的均为蔬菜，另外承德县、隆化县、宽城满族自治县的玉米、大豆，丰宁满族自治县、围场满族蒙古族自治县的稻谷均具有单产比较优势。综合比较优势中，除各县蔬菜比较优势均较高外，隆化县的稻谷也具有非常明显的比较优势。另外，各县大豆、玉米均具有较好的比较优势，其中蔬菜、大豆、玉米、肉类是承德地区的优势产业。

沧州地区无论从规模优势和单产优势方面都有较好的表现，在粮食生产和肉类、水产品、奶制品的生产上均具有一定优势。廊坊地区的农产品主要集中在蔬菜、大豆、玉米、禽蛋，仅大城县和文安县具有单产效率比较优势的产业，因此综合比较优势同样不明显，应该多在提高单产方面下功夫。

今后环京津地区在推进现代农业建设的过程中，应首抓粮食产业生产，在维持目前各种农作物面积保有量的基础上，扩大蔬菜面积，适度减少那些单产不高的农作物面积。通过对土地和农业资源进行优化整合，提高生产效率，增加农作物产量，争取多建设京津冀地区的粮食、水产基地、奶制品基地、肉食品加工基地和蔬菜基地。各个地区通过对优势产业进行分析，对具有明显优势的产业施行特色农业产业发展策略，优先发展具有较强地理资源和气候优势的产业，通过逐步加大规模经营的方式，提高农作物生产经营的标准化程度，并进一步向深加工行业发展，使农作物价值被充分开发利用，并带动当地农民的就业和收入的提高。争取早日把环京津地区建设成为面向京津冀的农业特色产业基地。在发展畜牧业的过程中，应该能充分开发当地的草原和林地资源，科学喂养，优先发展牛、羊产业，通过建设具有规范性的生产基地促进养殖业的高标准，为当地及周边居民打造绿色环保的食品安全环境。现结合本研究结果和参考文献资料总结如表6－4所示。

表6－4　环京津地区各县比较优势产业选择

地区		生产规模比较优势产业	单产比较优势产业	综合比较优势
		SAI	EAI	AAI
唐山	开平区	玉米、奶制品、水产品	大豆	油料
	丰南区	稻谷、奶制品、水产品		稻谷
	丰润区	油料、奶制品	大豆	油料
	曹妃甸区	稻谷、水产品	稻谷、玉米、大豆	稻谷
	滦县	油料、奶制品	奶制品	油料、奶制品
	滦南县	稻谷、小麦、奶制品	小麦	稻谷、小麦
	乐亭县	水产品	水产品	水产品
	迁西县	水产品	大豆	大豆、油料
	玉田县	蔬菜	禽蛋、奶制品	禽蛋、奶制品
	遵化市	大豆、油料、肉类	肉类、禽蛋	油料、肉类
	迁安市	大豆、奶制品	禽蛋、奶制品	禽蛋、大豆、奶制品
保定	满城县	禽蛋	禽蛋、奶制品	禽蛋、奶制品
	清苑县	奶制品	大豆、禽蛋、奶制品	禽蛋、奶制品
	涞水县	玉米、大豆、油料、肉类	大豆、油料、肉类、禽蛋	大豆、油料、肉类
	阜平县	玉米、大豆、油料、水产品	玉米、油料	玉米、大豆、油料、水产品
	徐水县	奶制品	奶制品	奶制品
	定兴县	小麦、肉类	玉米、大豆、油料、禽蛋	禽蛋
	唐县	肉类	大豆	大豆、禽蛋
	高阳县	油料、奶制品	玉米、奶制品	油料、禽蛋、奶制品
	容城县	小麦、玉米、大豆、肉类	大豆、油料、肉类、奶制品	大豆、肉类
	涞源县	玉米、大豆、肉类	大豆、肉类	玉米、大豆、肉类、禽蛋
	望都县	奶制品	油料、禽蛋、奶制品	禽蛋、奶制品

地区		生产规模比较优势产业	单产比较优势产业	综合比较优势
		SAI	EAI	AAI
保定	安新县	稻谷、小麦、玉米、水产品	稻谷、小麦、玉米、大豆、油料、蔬菜、水产品、禽蛋	稻谷、小麦、玉米、水产品、禽蛋
	易县	油料、肉类	肉类	油料、肉类
	曲阳县	玉米、大豆、油料、奶制品	大豆、奶制品	大豆、油料、奶制品
	蠡县	大豆、油料	禽蛋、奶制品	大豆、油料、禽蛋、奶制品
	顺平县	肉类	大豆、奶制品	大豆、肉类
	博野县	油料、肉类	肉类、禽蛋	肉类、禽蛋
	雄县	大豆、肉类	大豆、肉类、禽蛋	大豆、禽蛋
	涿州市	肉类	禽蛋、奶制品	肉类
	定州市	油料、奶制品	禽蛋、奶制品	奶制品
	安国市	小麦、玉米、油料、禽蛋	玉米、油料、禽蛋	油料、禽蛋
	高碑店市	小麦、玉米、油料、禽蛋	大豆、油料、禽蛋	油料、禽蛋
张家口	宣化县	玉米、大豆、奶制品	禽蛋、奶制品	奶制品
	张北县	奶制品	奶制品	奶制品
	康保县	奶制品	奶制品	奶制品
	沽源县	蔬菜、奶制品	奶制品	奶制品
	尚义县	蔬菜、肉类	肉类、奶制品	肉类
	蔚县	大豆	禽蛋、奶制品	禽蛋
	阳原县	玉米、大豆、油料	蔬菜、禽蛋	玉米、大豆、禽蛋
	怀安县	稻谷、玉米、大豆、奶制品	稻谷、奶制品	奶制品
	万全县	稻谷、玉米、奶制品	稻谷、玉米、大豆、奶制品	玉米、奶制品
	怀来县	玉米、奶制品	奶制品	玉米、奶制品
	涿鹿县	大豆、油料、奶制品	禽蛋、奶制品	大豆、奶制品
	赤城县	肉类	肉类	肉类
	崇礼县	奶制品	奶制品	奶制品

续表

地区		生产规模比较优势产业	单产比较优势产业	综合比较优势
		SAI	EAI	AAI
承德	承德县	稻谷、玉米、大豆、肉类	稻谷、玉米、肉类、禽蛋	大豆、肉类
	兴隆县	玉米、大豆、肉类、水产品	玉米、大豆、油料、肉类、禽蛋	玉米、大豆、肉类、水产品
	平泉县	肉类、禽蛋	大豆、禽蛋	禽蛋
	滦平县	大豆、肉类	肉类	肉类
	隆化县	稻谷、大豆、肉类	肉类	稻谷、大豆、肉类
	丰宁县	奶制品	奶制品	奶制品
	宽城县	大豆、肉类		大豆、水产品
	围场县	肉类	奶制品	奶制品
沧州	沧县	玉米、大豆、肉类、禽蛋	玉米、大豆、油料、禽蛋	小麦、玉米、大豆、禽蛋
	青县	禽蛋	禽蛋	禽蛋
	东光县	小麦、玉米、肉类、禽蛋	小麦、玉米、大豆、油料、禽蛋	小麦、玉米、大豆、禽蛋
	海兴县	稻谷、玉米、大豆、奶制品、水产品	稻谷、小麦、玉米、大豆、油料、蔬菜	小麦、玉米、大豆、水产品
	盐山县	小麦、大豆、肉类	大豆、蔬菜、肉类、禽蛋	小麦、玉米、大豆、肉类
	肃宁县	肉类、禽蛋	禽蛋	禽蛋
	南皮县	肉类、禽蛋	油料、肉类、禽蛋	肉类、禽蛋
	吴桥县	玉米、肉类、禽蛋	玉米、大豆、油料、肉类、禽蛋	小麦、玉米、大豆、肉类、禽蛋
	献县	大豆、油料、禽蛋	大豆、油料、禽蛋	大豆、油料、禽蛋
	孟村	小麦、玉米、肉类	小麦、玉米、大豆、油料、蔬菜、肉类	小麦、玉米、大豆、油料、肉类
	泊头市	小麦、玉米、禽蛋	小麦、玉米、大豆、禽蛋	小麦、玉米、大豆、禽蛋
	任丘市	肉类、水产品	禽蛋	水产品
	黄骅市	小麦、玉米、大豆、水产品	玉米、大豆、油料、蔬菜、水产品	小麦、玉米、大豆、水产品
	河间市	大豆、油料、肉类、禽蛋	大豆、油料、禽蛋	玉米、大豆、禽蛋

地区		生产规模比较优势产业	单产比较优势产业	综合比较优势
		SAI	EAI	AAI
廊坊	安次区	大豆、禽蛋	肉类	肉类
	广阳区	蔬菜、奶制品		
	固安县	蔬菜、肉类	肉类、奶制品	肉类
	永清县	蔬菜、肉类	奶制品	奶制品
	香河县	禽蛋	禽蛋	禽蛋
	大城县	玉米、大豆、肉类	玉米、大豆、油料、禽蛋	禽蛋
	文安县	玉米、大豆、禽蛋、水产品	玉米、大豆、蔬菜、禽蛋	玉米、大豆、水产品、禽蛋
	大厂	肉类	肉类	肉类
	霸州市	大豆、肉类、水产品	禽蛋	禽蛋
	三河市	奶制品	奶制品	奶制品

第三节 环京津地区现代农业
行业比较优势分析

2016年中央一号文件再次强调加快现代农业发展，必须做到粮经饲统筹、农林牧渔结合、种养加一体化以及第一、第二、第三产业融合发展。因此，研究河北省环京津地区现代农业发展有必要对其农林牧渔及服务业分行业进行比较优势的分析，以期更明确地找到各区县具有比较优势的行业，有侧重点地进行以农业生产力和农产品结构改革为主的农业供给侧改革。河北省环京津地区各县农林牧渔业区位商和显示性对称比较如表6-5和表6-6所示。

从表6-5和表6-6中数据可以看出，农业优势区主要集中在保定、廊坊、唐山的平原地区，尤其是顺平、高阳和香河，承德的平泉和兴隆也具有较高的农业比较优势。这些地区都有重点发展的农业特色产业，并在设施农业、精品农业等方面有较好的发展。曹妃甸在农业方面无优势，主要原因在于其主要发展渔业和服务业。

表6-5　环京津地区各县农林牧渔业区位商比较

地区		农业	林业	牧业	渔业	农林牧渔服务业
唐山	开平区	0.59	1.04	1.61	2.98	0.73
	丰南区	0.97	0.37	0.67	5.98	0.65
	丰润区	0.76	0.36	1.59	0.52	0.56
	曹妃甸区	0.36	0.65	0.49	15.7	3.07
	滦县	0.75	0.37	1.70	0.14	0.27
	滦南县	0.82	0.49	1.18	3.80	0.48
	乐亭县	1.20	0.36	0.55	3.55	0.10
	迁西县	0.88	3.83	0.72	4.37	1.18
	玉田县	1.03	0.37	1.16	0.28	0.24
	遵化市	0.98	0.88	1.19	0.29	0.53
	迁安市	0.82	0.47	1.48	0.04	0.91
保定	满城县	1.09	1.32	1.01	0.05	0.32
	清苑县	1.17	0.36	0.91	0.01	0.31
	涞水县	0.84	5.55	1.16	0.08	0.90
	阜平县	0.79	3.78	0.75	7.48	0.17
	徐水县	0.90	0.32	1.34	0.18	0.75
	定兴县	0.94	0.37	1.27	0.23	0.67
	唐县	0.93	1.35	1.32	0.19	0.18
	高阳县	1.24	0.61	0.55	0.05	1.79
	容城县	0.88	0.48	1.40	0.32	0.49
	涞源县	0.87	4.79	1.17	0.23	0.68
	望都县	1.21	0.21	0.86	0.02	0.15
	安新县	0.81	0.49	0.76	7.59	0.90
	易县	0.80	1.70	1.52	0.44	0.10
	曲阳县	0.79	2.05	1.45	0.55	0.55
	蠡县	1.10	0.60	0.92	0.00	1.00
	顺平县	1.41	1.15	0.44	0.04	0.13
	博野县	1.13	5.24	0.59	0.00	1.16
	雄县	1.21	1.00	0.76	0.11	0.55
	涿州市	1.02	1.52	1.00	0.12	1.11
	定州市	1.04	2.14	1.05	0.00	0.30
	安国市	1.19	1.34	0.79	0.00	0.48
	高碑店市	0.91	0.37	1.33	0.03	0.81

地区		农业	林业	牧业	渔业	农林牧渔服务业
张家口	宣化县	0.62	1.32	1.89	0.04	0.33
	张北县	0.91	1.03	1.38	0.02	0.18
	康保县	0.85	1.68	1.46	0.01	0.20
	沽源县	1.11	1.51	0.93	0.27	0.37
	尚义县	1.10	3.64	0.84	0.03	0.44
	蔚县	0.71	1.20	1.68	0.05	0.66
	阳原县	0.36	1.61	2.21	0.11	1.23
	怀安县	0.87	1.13	1.39	0.06	0.55
	万全县	0.60	1.06	1.84	0.00	1.08
	怀来县	1.02	1.73	1.02	0.78	0.43
	涿鹿县	0.88	0.86	1.41	0.04	0.44
	赤城县	0.99	3.37	1.03	1.10	0.61
	崇礼县	1.11	5.48	0.79	0.00	0.09
承德	承德县	0.79	3.63	1.45	0.10	0.28
	兴隆县	1.32	1.46	0.53	0.49	0.31
	平泉县	1.38	1.51	0.48	0.08	0.06
	滦平县	0.61	6.25	1.59	0.13	0.58
	隆化县	0.68	3.73	1.64	0.05	0.34
	丰宁县	0.51	4.76	1.86	0.47	0.37
	宽城县	0.97	3.99	0.75	2.87	0.72
	围场县	0.95	5.40	1.05	0.14	0.19
沧州	沧县	0.92	1.26	1.19	0.02	1.25
	青县	1.37	0.17	0.53	0.04	0.39
	东光县	0.54	0.19	0.58	0.07	10.45
	海兴县	0.58	0.71	0.74	10.55	1.92
	盐山县	0.66	0.32	1.85	0.66	0.45
	肃宁县	0.93	0.14	1.34	0.00	0.52
	南皮县	0.95	0.25	0.69	0.06	4.52
	吴桥县	0.52	0.17	0.63	0.02	10.44
	献县	0.86	0.18	1.20	0.38	2.10
	孟村	0.57	0.44	1.97	0.04	0.66
	泊头市	1.04	0.45	0.99	0.08	1.29
	任丘市	0.97	0.40	0.83	2.08	2.03
	黄骅市	0.61	0.20	1.10	7.02	1.63
	河间市	1.01	0.79	0.75	0.06	3.19

地区		农业	林业	牧业	渔业	农林牧渔服务业
廊坊	安次区	1.03	2.48	0.90	0.24	1.25
	广阳区	1.13	1.58	0.82	0.07	1.00
	固安县	1.31	0.92	0.67	0.02	0.02
	永清县	1.08	0.80	1.10	0.03	0.08
	香河县	1.21	1.63	0.73	0.33	0.38
	大城县	0.75	2.64	1.52	0.11	0.67
	文安县	0.84	2.91	1.18	1.43	0.79
	大厂	0.50	1.25	2.11	0.50	0.08
	霸州市	1.07	2.32	0.84	1.15	0.58
	三河市	0.88	0.99	1.36	0.75	0.30

资料来源：根据 2015 年《河北农村统计年鉴》计算整理。

表 6－6　环京津地区各县农林牧渔业显示性对称比较优势指数

地区		农业 RSCA	林业 RSCA	牧业 RSCA	渔业 RSCA	农林牧渔服务业 RSCA
唐山	开平区	－0.26	0.02	0.24	0.50	－0.16
	丰南区	－0.02	－0.46	－0.20	0.71	－0.21
	丰润区	－0.13	－0.47	0.23	－0.32	－0.29
	曹妃甸区	－0.47	－0.21	－0.34	0.88	0.51
	滦县	－0.14	－0.46	0.26	－0.76	－0.57
	滦南县	－0.10	－0.34	0.08	0.58	－0.35
	乐亭县	0.09	－0.47	－0.29	0.56	－0.83
	迁西县	－0.06	0.59	－0.17	0.63	0.08
	玉田县	0.02	－0.46	0.07	－0.56	－0.61
	遵化市	－0.01	－0.06	0.09	－0.55	－0.31
	迁安市	－0.10	－0.36	0.19	－0.92	－0.05
保定	满城县	0.04	0.14	0.00	－0.91	－0.51
	清苑县	0.08	－0.47	－0.05	－0.99	－0.52
	涞水县	－0.09	0.69	0.07	－0.84	－0.06
	阜平县	－0.12	0.58	－0.14	0.76	－0.72
	徐水县	－0.05	－0.52	0.15	－0.70	－0.14
	定兴县	－0.03	－0.45	0.12	－0.63	－0.20
	唐县	－0.04	0.15	0.14	－0.68	－0.70

地区		农业 RSCA	林业 RSCA	牧业 RSCA	渔业 RSCA	农林牧渔服务业 RSCA
保定	高阳县	0.11	− 0.24	− 0.29	− 0.91	0.28
	容城县	− 0.07	− 0.35	0.17	− 0.52	− 0.35
	涞源县	− 0.07	0.65	0.08	− 0.62	− 0.19
	望都县	0.10	− 0.65	− 0.07	− 0.96	− 0.74
	安新县	− 0.10	− 0.34	− 0.14	0.77	− 0.05
	易县	− 0.11	0.26	0.21	− 0.39	− 0.81
	曲阳县	− 0.12	0.34	0.18	− 0.29	− 0.29
	蠡县	0.05	− 0.25	− 0.04	− 1.00	0.00
	顺平县	0.17	0.07	− 0.39	− 0.92	− 0.76
	博野县	0.06	0.68	− 0.26	− 1.00	0.08
	雄县	0.10	0.00	− 0.14	− 0.79	− 0.29
	涿州市	0.01	0.21	0.00	− 0.79	0.05
	定州市	0.02	0.36	0.03	− 0.99	− 0.54
	安国市	0.09	0.15	− 0.12	− 1.00	− 0.35
	高碑店市	− 0.05	− 0.46	0.14	− 0.94	− 0.10
张家口	宣化县	− 0.23	0.14	0.31	− 0.92	− 0.51
	张北县	− 0.05	0.02	0.16	− 0.95	− 0.70
	康保县	− 0.08	0.25	0.19	− 0.99	− 0.66
	沽源县	0.05	0.20	− 0.04	− 0.58	− 0.46
	尚义县	0.05	0.57	− 0.09	− 0.94	− 0.39
	蔚县	− 0.17	0.09	0.25	− 0.90	− 0.21
	阳原县	− 0.47	0.23	0.38	− 0.80	0.10
	怀安县	− 0.07	0.06	0.16	− 0.89	− 0.29
	万全县	− 0.25	0.03	0.30	− 1.00	0.04
	怀来县	0.01	0.27	0.01	− 0.12	− 0.40
	涿鹿县	− 0.06	− 0.08	0.17	− 0.91	− 0.39
	赤城县	0.00	0.54	0.01	− 0.81	− 0.24
	崇礼县	0.05	0.69	− 0.12	− 0.99	− 0.83
承德	承德县	− 0.12	0.57	0.18	− 0.82	− 0.56
	兴隆县	0.14	0.19	− 0.31	− 0.35	− 0.53
	平泉县	0.16	0.20	− 0.35	− 0.85	− 0.89
	滦平县	− 0.24	0.72	0.23	− 0.77	− 0.26

续表

地区		农业 RSCA	林业 RSCA	牧业 RSCA	渔业 RSCA	农林牧渔服务业 RSCA
承德	隆化县	− 0.19	0.58	0.24	− 0.91	− 0.49
	丰宁县	− 0.32	0.65	0.30	− 0.36	− 0.46
	宽城县	− 0.01	0.60	− 0.14	0.48	− 0.16
	围场县	− 0.02	0.69	0.03	− 0.75	0.69
沧州	沧县	− 0.04	0.12	0.09	− 0.96	0.11
	青县	0.16	− 0.70	− 0.31	− 0.93	− 0.43
	东光县	− 0.30	− 0.68	− 0.26	− 0.87	0.83
	海兴县	− 0.27	− 0.17	− 0.15	0.83	0.31
	盐山县	− 0.21	− 0.51	0.30	− 0.89	− 0.38
	肃宁县	− 0.03	− 0.75	0.14	− 1.00	− 0.32
	南皮县	− 0.02	− 0.60	− 0.18	− 0.89	0.64
	吴桥县	− 0.32	− 0.70	− 0.23	− 0.95	0.83
	献县	− 0.08	− 0.69	0.09	− 0.45	0.35
	孟村	− 0.27	− 0.39	0.33	− 0.93	− 0.20
	泊头市	0.02	− 0.43	0.00	− 0.85	0.13
	任丘市	− 0.02	− 0.67	− 0.09	0.35	0.34
	黄骅市	− 0.24	− 0.12	0.05	0.75	0.52
	河间市	0.01	0.43	− 0.14	− 0.88	0.52
廊坊	安次区	0.01	0.43	− 0.05	− 0.62	0.11
	广阳区	0.06	0.23	− 0.10	− 0.86	0.00
	固安县	0.13	− 0.04	− 0.20	− 0.96	− 0.97
	永清县	0.04	− 0.11	0.05	− 0.94	− 0.85
	香河县	0.09	0.24	− 0.15	− 0.51	− 0.45
	大城县	− 0.14	0.45	0.21	− 0.80	− 0.20
	文安县	− 0.09	0.49	0.08	0.18	− 0.12
	大厂	− 0.33	0.11	0.36	− 0.33	− 0.85
	霸州市	0.03	0.40	− 0.08	0.07	− 0.27
	三河市	− 0.06	0.00	0.15	− 0.14	− 0.54

资料来源：根据 2015 年《河北农村统计年鉴》计算整理。

　　从林业生产方面看，迁西县、涞水县、阜平县、涞源县、博野县、尚义县、赤城县、崇礼县、承德县、滦平县、丰宁县、宽城县、隆化县、围场县、大城县、文安县具有较明显的比较优势，这与当地重视退耕还林是分不开的。这也符合环京津地区的生态屏障功能，尤其是位于京北的张承地区和位于京津走廊的廊坊地区，大部分县区的指标值都是正值，可以看出这些地区的自然环境优势。

从牧业生产区域看，宣化县、蔚县、阳原县、万全县、丰宁县、盐山县、孟村、大厂的优势明显，这些地区的地势多适合从事牧业生产。今后在发展畜牧业的同时，应注重循环利用资源，妥善处理排放物以免其给周边环境带来污染，并在规划中尽量将牧业迁至远郊区。

河北省环京津地区的渔业优势区域主要集中在唐山和沧州的沿海地区以及保定的安新和阜平，与这些地区的地形地貌和传统作业习惯密不可分，今后在发展渔业的同时应着重向产业链的纵深方向挖掘，尽量合理利用资源，最大限度开发可利用资源的价值。

农林牧渔服务业的发达程度体现了一个地区第三产业发展水平，从一个侧面反映了其现代农业发展水平。河北省环京津地区农林牧渔服务业具有比较优势的区域是曹妃甸、东光县、围场县、南皮县、吴桥县，大部分地区的农林牧渔服务业都不具备比较优势，这说明河北省环京津地区在第三产业的发展方面还有很大提升空间。服务业的发展可以提升现代农业附加值，目前河北省环京津地区第一、第二、第三产业融合发展是亟待解决的问题。

本章小结

本章首先通过比较优势指数法对河北省环京津地区各县规模比较优势和产量比较优势进行比较，以此分析出该地区各县具有比较优势的农产品。然而值得注意的是，该方法的不足之处在于其并没有考虑到农产品生产过程中耗能、环境友好度以及市场供求等其他方面的因素。例如，玉米在河北省环京津地区的许多县具有比较优势，然而由于其近 10 年来产量不断攀升，导致化肥使用量不断提高，库存量加大。因此，农业部为缓解环境和库存压力计划在未来的五年削减其种植面积并鼓励华北地区对棉花进行轮作。笔者认为，该种方法的分析结果可以为选择环京津地区的优势产业提供参考，但并不能完全以此为标准进行选择，还需结合地理位置、市场需求等多方面的因素作为综合评判的依据。

笔者通过区位商和显示性对称比较优势指数对河北省环京津地区行业进行比较优势分析，认为大部分地区的农林牧渔服务业都不具备比较优势。这说明河北省环京津地区在第三产业的发展方面还有很大提升空间，服务业的发展可以提升现代农业附加值，因此得出目前河北省环京津地区第一、第二、第三产业融合发展是该地区发展现代农业亟待解决的问题的结论。

第七章　国内外现代农业发展的
经验借鉴

　　由于各地资源禀赋和社会制度等环境方面的差异，目前世界发达国家和国内外先进地区在现代农业发展过程中积累了各自的经验，在分析他国和其他地区取得成绩的同时，需要结合其自身特点与环京津地区进行对比，从中找到与环京津地区存在共性的优良经验加以利用。有针对性地吸收和借鉴其他地区现代农业发展历程中的闪光点对环京津地区现代农业发展有极大裨益。

　　笔者通过对现有文献进行大量阅读和分析，选取了美国，新加坡，法国，中国台湾，四川，山西和江西等国内外现代农业发展先进的国家及地区，对其成功经验进行总结，并结合河北省环京津地区特点归纳出环京津地区值得吸收借鉴的闪光点，以便在今后的发展现代农业的道路中予以发扬。

第一节　美国农业集群模式

　　美国的城市化发展水平较高，现代农业也非常发达，因其境内国土面积大且农业人口数量少，农用土地资源丰富。"二战"后美国加快城市化发展的步伐，由于美国国土特点，其城市化发展最初呈分散化模式，城市人口大量外迁到郊区，出入以机动车作为交通工具，这一模式产生了低效、浪费资源等一系列社会问题。于是学术界提出了美国应效仿欧洲紧凑型城市化模式进行改革，芝加哥和纽约均形成了大规模都市圈。但随着洛杉矶相对分散而开阔的发展空间被人们所认可，美国逐渐形成了中心城市和郊区统筹发展的模式。中心城市主要以服务和旅游业为主，而郊区则拥有大型产业园区，城乡统筹模式发展大大提升了经济布局的使用效率。众所周知，大规模人口转移是随着就业流动产生的，美国通过城市化发展的扩散效应带动乡村发展，运用教学、科研、推广三结合的体系引导学生提高解决问题的能力，做到教学内容与市场紧密结合，为提高农民劳动技能、管理市场的能力打下良好基础。美国现代农业主要依托成熟的市场体系、先进的科学技术指导以及完善的市场竞争机制形成了系统的农业产业集群，美国的农产品在国际市场上也有较高的占有率，是当今世界最大的农产品出口国。这种优势在一定的程度上体现了美国农业的绝对优势，这离不开其农业产业集群所做的贡献，其产业集群的现状体现在以下几个方面。

一、得天独厚的先天条件

农业是靠天吃饭的产业，受自然条件的影响较大，美国在地理位置上具有发展农业的先天条件，东西临海，全国降雨量充沛，土壤肥沃，平原、草地及原始森林遥遥领先于其他国家，这些良好的自然条件为农业产业集群的发展提供了充分的保障。美国优势农业产业集群主要是玉米、大豆、花生及棉花等集群，这些农产品在国际市场具有极强的竞争力和很高的市场占有率，表7－1是由美国农业部、商务部2012年发布的数据整理而成，可见美国农业产业集群的巨大优势。

表7－1　2012年世界主要农业国家的出口量及市场占有率

单位：万吨,%

出口国	农产品	总产量	出口量	国际市场占有率
泰国	稻米	3700	690	18.86
美国	小麦	6170	2992.16	21.79
美国	玉米	27243.2	2921.1	32.67
美国	大豆	8048.5	3660	37.01
美国	棉花	256	192	34.25
巴西	大豆油	708	172.5	20.4
中国	蔬菜	70200	934.9	13.22

资料来源：美国商务部、美国农业部网站。

二、特色产业带布局

美国的农业产业带形成的时间较早，农业主管部门从20世纪30年代的经济危机之后，就开始着手解决农业产能过剩问题，其中的一条解决措施是对农业产业进行定位布局，形成产业带，避免在国内市场上的恶意竞争。在产业带内进行专业化的分工协作，并在美国本土布局了大豆带、玉米带、棉花带、花生带等8个著名的农业产业带。位于同一个产业带的农业生产完全是协作化的结果，比如在防治病虫害的时候有专门的部门，播种季节有专门的播种公司。农作物收成以后，经过相关配套的加工企业进行附加值极高的深加工，在仓储、物流、营销、出口等环节均由不同的企业或部门负责，最终形成了以一种农产品为主的大型农业产业集群。

像加州的葡萄酒产业便是农业产业集群的一个典型代表。加州是一个土壤、水资源、气候等各种自然条件比较优越的区域，非常合适水果和蔬菜的种植，而葡萄园及葡萄酒产业集群正是利用了加州优越的自然资源，综合各方因素发展成为美国极具特色的地区性产业集群，加州的葡萄酒产业在国际市场也极具竞争力（见表7-2）。目前，加州葡萄酒产业集群内拥有约700家葡萄酒厂，4000多个独立经营的葡萄种植园，以及与此相关的制造葡萄储存、采摘、灌装等多种设备的厂家，还有专业化的广告公司及物流、仓储等服务企业等，甚至还包括加州议会的酒业委员会，加州大学戴维斯分校的葡萄栽培及酒业酿造的研究中心等，如图7-1所示。

表7-2　2006~2012年美国加州葡萄酒产业出口情况

单位：亿升，亿美元，%

年份	出口量	出口总额	国际市场占有率
2006	3.84	8.32	4.3
2007	4.01	9.03	4.5
2008	4.05	9.14	4.8
2009	3.45	8.27	4.6
2010	3.83	11.42	5.0
2011	4.06	12.54	5.3
2012	4.25	12.87	5.5

资料来源：美国加州葡萄酒协会网站。

美国根据复杂多变的气候、自然资源进行最优化的农业产业布局，气候区不同，布局的农业产业带不同，以发挥自然条件对农业产业带的最大作用。同时，在各个产业带内也能够根据条件进行合理的产业链分布，从播种、生产、收割、加工、销售、流通、出口等环节都有相应的产业链条，整个产业群之间的企业、农场及服务性机构分工合作、和谐互动。

三、发达的农业科技

美国农业科技极为发达，主要体现在两个方面：

（1）高度的机械化作业。美国农业规模化经营源自于农业的高度机械化。美

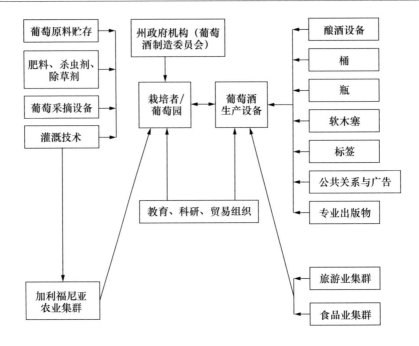

图7-1　葡萄酒产品生产及销售流程

国大部分国土是平原地区，海拔平均不超过 500 米，地势平坦，没有太多的河流、山川阻碍，适合机械化作业。美国农业生产从播种、除草、施肥、喷洒农药、收割、加工等过程都是机械化作业，一个大农场内一般的工人不超过 10 人。

（2）发达的农业科技还体现在农业生态上。美国在发展农业产业集群中非常重视对自然资源、生态环境的保护。对贫瘠土地，通过发达的科技改变土壤结构，增加土壤肥力；对肥力下降的土地，实施退耕还草还林，实行休耕，在休耕期间，可以获得农业补贴；推广生态农业的发展，开发新型的农药及有机肥料技术，最大限度地减少化学农药及肥料对土壤结构的破坏。

美国农业科技及其服务体系是美国农业的一大优势，在农业产业集群中，科研服务机构遍布各处。既有联邦科研机构，也有科研教育机构，还有科技服务推广机构，不同层级之间的科技服务分工合作，为农业产业集群的发展提供科技支持。在支持的层次上是根据产业集群的特点进行的，有生产、流通、加工等不同领域均有科技服务，随时以最大化的效益来保障集群的发展。科技服务的手段也极具现代化，美国的农场基本上 90% 是现代机械化操作，机械化操作与网络化发展相结合，80% 的农场可以使用互联网监管，30% 的农场可以使用直升机喷洒农药，有些农场还有卫星定位系统。同时，网络化也体现在集群的信息平台上，在生产、加工及销售流通领域中，信息平台定时更新各种最新的信息，尤其是出口动态信息，便于集群整体把握最新的农业市场动态，有针对性地调整自己的生产计划。

四、联系紧密的农业集群产业链

美国农业产业链条非常完善，在农业生产及加工的过程中，分工明确，配合密切。此外，还拥有世界上最为发达的物流配送体系及运输系统，大型的连锁超市里均有自己的配送体系，能够一体化解决从农业生产到终端产品消费的整个过程问题。降低了农产品成本，也节省了人力资源，为美国农产品占领国际市场奠定了良好的价格基础，这是美国农产品具有最大国际竞争力的一个重要条件。

美国农业产业群的发展与美国的自然条件及资源、政府合理的农业产业布局、发达的农业科技等因素分不开，产业群能够最大限度地节约成本，推进科技创新，强化区域化聚集，群内企业、农场与其他机构形成专业化分工，在政府的推动下强调社会化的协作。美国农业产业带及产业群能够规模经营，专业分工细化、呈现高度的集约化趋势，主要源于其现代化的经营管理模式。美国的农场虽然是以家庭经营为主，但土地资源丰富、土地流转自由，为产业集群的发展提供便利，尤其是像棉花带、玉米带，其相关的各种与农业生产联系密切的企业、科技服务机构、设备生产厂商进驻，这些机构同样体现的是一种现代化的经营管理模式。现代化的经营方式同时也为农业的高度机械化提供了基础，提高了生产的效率，降低了农业生产的成本，从而提高了农产品的竞争力。

美国的农业产业集群的发展不是盲目的，而是建立在发展生态型农业产业的基础上。在集群中需要考虑各个环节耗费的资源、引起的污染、废弃物的处理等问题，尤其是在很多的集群中建立了废物处理工厂，进行最大限度的循环利用。比如在玉米产业集群中，玉米的秸秆可以用作燃料，保障其他加工企业的运转，尽量减少中间环节，最大限度地保护集群内的生态环境。从整体上看，一个集群就是一个完善的农业生态系统，产业集群中的各种资源得到了最大的、恰当的循环利用。

五、完善的政策及法律支持

美国的农业保护政策非常的完善，不仅体现在联邦农业法之中，还体现在农业保险制度、农产品国际贸易制度中。在各种层面的法律上，政策的支持都是非常完善的，联邦农业法是主导，其他层次的各种法律规范积极配合，并且不断完善各种制度，包括联邦与各州的农业制度。针对产业集群的发展，美国推出了一系列的优惠政策，在区域规划、融资、土地流转、市场环境、税收等方面均有良好的政策引导及相关的法律支持，最大限度地促进农业产业集群的发展。

目前，中国农业产业集群在局部地区得到了一定的发展，比如海南省热带农业产业带、江苏省苏州有机农业产业带，但还没有形成像美国那样大规模的发展趋势。中国与美国在农业发展上也有一些相似之处，农业产业集群发展是现代农业发展的方向，也是未来农业发展的趋势。通过对美国农业产业集群发展的现状分析及其经验总结，为环京津地区今后农业产业集群的发展提供一些有益的参考。

第二节　新加坡设施农业模式

新加坡是一个被冠以"花园城市"的国家，其国土面积狭小，仅相当于北京面积的1/24，其经济非常发达，人口密集程度较高，其境内大部分国土均为城市用地，不适合耕种。因此，新加坡农业很难达到自给自足的状态，其农产品主要依靠进口，人们对农产品的多样性和质量要求非常高，这要求新加坡发展农业主要以都市农业形式为主，有限的国土面积使新加坡不适宜发展大片土地的现代农业，农业专家在如何节约空间、运用高科技手段增产方面下了不少的功夫，这种集中化的发展模式提高了农业资源的集约化程度。

第一，新加坡现代农业发展非常注重对食品卫生、安全保障方面的要求，新加坡在寻找可靠的进口食物来源，建立专门的产业园区研究食品安全等方面投入了较多的精力并加强食品的进口贸易渠道，确保国内食品的安全供给。

第二，结合国内人多地少的特点，大力发展科技含量高的现代化农业生产方式。例如气耕法，就是在玻璃温室中利用细网预防病虫害，以达到不用农药的目的，将蔬菜悬挂在栽培箱中，使其根茎在空气中，通过对根茎定时定量喷洒营养液的方式取代传统的对农作物施肥的方式，这种方式不光大大减少了污染程度，还缩短了植物的生长期，以往60天栽培出的农作物用此种方法成熟期减少了一半的时间。气耕法还能节约土地面积，由于喷洒的水可以循环利用还起到了节约用水的作用，这使得新加坡生产的蔬菜瓜果在保障节约资源的前提下保持了较高的品质，可见科技含量在农业生产中的作用是非常重要的。新加坡采用温室栽培农作物的方法生产出优质、安全的农作物。近年来，科研人员还运用先进的计算机技术实现机器自动作业，解放了劳动力并实现了工序的标准化，将损耗降到最低。在农药和肥料的研发方面，研发人员考虑到食品安全的重要性，致力于发明既能确保作物增产增收同时又无毒无害的药剂。缓效肥料技术的应用对提高产量和降低水土污染起到了良好的效果。农业科技只有得到推广和普及才能达到良好的效果，可以说农业科技是实现现代农业生产方式最为重要的要素，良好的传播起到了桥梁的作用。新加坡在动物养殖方面也有一套独特的方法，成春农场是一个养殖鸡的农场，该农场拥有 6 层鸡笼系统，大大节约了空间，该农场科技含量非常高，可以智能降温、自动消毒、处理异味等，在解放了人力资源的同时也解决了环境问题，增加了动物成活率和产量。新加坡的水产养殖中心具有非常高的科技含量，其不仅可以进行水产养殖，还是新加坡国立大学以及国外深海养殖学院的科技研究场所，通过营养配置系统、智能温控系统、海水环境监测系统对鱼类进行观测，该养殖场兼具生产和科研的功能。每年除了供科研人员研究还为新加坡市场提供 4 万吨新鲜鱼类。

新加坡现代农业的高效节能和资源有效节约利用发展模式对环京津地区现代农业发展的主要启示有以下几个方面：

第一，提高农业生产的科技水平。科教兴农战略培养出拥有先进知识的新型农民。新型农民的培育问题在世界各个国家均得到重视，培养新型农民是秉承科技以人为本的宗旨。首先提升农民的素质，从而使生产要素中最关键的要素质量得到有效保证。对农民的培育不单纯是从后续教育的角度完成，还包括最根本的义务教育，当前环京津地区城乡间教育资源的分配不均，优势教育资源集中在城市，使得农村基础教育薄弱，这样会阻碍农民素质的提高，影响其在生产过程中更好地运用科技知识，导致了环京津地区的农业生产科技含量较低，许多地区依然以资源作为代价发展农业经济，这种发展模式是很难长远的。要想实现农业生产的可持续发展，必须狠抓科技投入。环京津地区毗邻京津地区，京津地区以及河北省拥有国内众多综合实力较强的科研院所，这些院所每年都研发出数千项新的科研成果，然而真正落到实处的科研转化率非常低。如果不能从根本上扭转这种局面，环京津地区很难在现代农业发展中取得优势竞争力。纵观国外发达国家，无论是地理面积较大的美国还是面积较小的新加坡，均在科技投入上下了很大的功夫，只有运用先进的生产技术发展农业才能最大限度地提高经济效益，并将污染等负面效应降到最低，这需要通过提高劳动者素质、为农民提供学习渠道、发展农技推广体系等多方面完善。因此，应加大在教育方面的投入力度，无论是义务教育阶段还是职业教育阶段都要有侧重地向涉农人员和专业倾斜，引导农民提高对风险的把握、对市场的洞察能力、对科技的掌握程度。环京津地区农业人口众多，通过对农民进行农业技术培训，使农民掌握更多的专业知识，改变以往粗放型的作业方式以达到增长增收的目的，最终实现环京津地区现代农业的可持续发展。

第二，协同农业各方面效益。发展农业不仅能从经济效益角度出发，以往在进行农业生产时仅注重短期利益，不惜牺牲环境、品牌效应等长期利益，为此付出了惨痛的代价。如产品污染导致质量不达标影响出口，更有甚者，企业因为不良事件导致破产的比比皆是。今后在发展现代农业时应时刻引以为戒，把可持续发展放在首位，把为人类创造舒适的环境和安全的食物作为出发点，同时依托环京津地区优越的环境资源发挥农业的社会职能、生态智能、教育职能、科研职能。

第三，农地和水资源的高效利用得益于科学技术的应用。新加坡的科研机构每年研究经费达到上亿美元，其研发的技术与生产实际紧密联系，科技转化率高，时效性强，一旦发明出新技术，当地农业技术推广人员会立即组织农民学习，通过在示范点实地讲解的方式将技术推广普及下去。科技的实用性和高转化率提高了科研成果的使用效率，这与完善的科技推广体系分不开。

第四，政府对农业的重视起到至关重要的作用。政府明文规定，农用地不可销售，所有土地开发项目的计划书都需要由土地管理部门予以事先审批以达到严控土地使用用途的作用。政府还下大力气支持研发适宜本土生长条件的农作物，在全国范围内推广节水灌溉技术、工厂式栽培技术、营养液滴灌技术、无土种植技术等。为了改善农耕环境，新加坡政府不懈努力。环境部门制定了可持续发展的法规并严格对威胁环境保护的行为加以控制。可以说，新加坡农业发展取得如此大的进步与政府的倡导和调节控制密不可分。

第三节　法国多功能农业发展模式

美国是世界农业外贸规模第一的国家，法国紧随其后排名第二，然而美国的国土面积是法国的 7 倍，法国在"二战"后短短数十年间迅速提高了现代农业发展水平，主要是实现以先进的生产技术作为指导、以大型机器设备作为工具进行集约化作业的发展模式，另外法国现代农业还强调多功能性。

第一，政策干涉。法国为了更好地节约使用土地资源，充分加强土地利用效率，采取了多项土改政策，在"二战"后的十年间实现了全国 1/4 的农用地集约化经营。法国政府通过颁布有利于土地集中的政策促使中大型农场不断增加，小型农场逐渐退出法国农业生产。另外，法国政府还制定了有利于农场主的金融补贴政策，促进现代农业的科技含量、技术含量不断提高。

第二，专业化的生产方式。法国通过集约经营的方式促进其农业生产依据不同自然条件选取最适合的特色产品作为主打产品，着重发展一种或者以该种产品为主的生产方式。通过对生产全过程进行分析，将生产加工过程分解，每一个独立环节由一个专门的生产部门去实现。这种类似于工业化的发展模式极大地提升了生产效率，也加强了部门与部门之间的联系，促进各个独立单位形成大型综合体，最终对提高产能发挥了较大的作用。在强调专门化的过程中，法国农业注重技术培训体系的构建，利用覆盖全国上下的科研组织加强对农民的培训，同时鼓励农民加入合作组织，方便成员之间交流学习，使团体内成员互利互惠。

第三，强调农业发展的多功能性。现代农业生产不仅是为了满足人们对食品的需求，同时还随着时代的发展被赋予了更高的要求。传统农业仅仅以能够为居民提供充足的食品并以此满足人们维持日常生活为目标，现代农业的发展则打破了以往的观念，使农业突破了单纯以生产为目的的界限而深入到各个社会领域，其所实现的目的也由过去的单一目标转为多元化目标，主要表现在经济效益、生态效益、社会效益、国家安全效益等方面。可以说，农业的多功能性已经渗透到社会发展的各个方面，其质量的高低决定了社会整体发展水平。法国的多功能农业模式表现的一个重要功能是生态功能，通过推广运用生物科技研发的肥料和农药，替代对环境破坏能力较强的化肥和农药以达到降低污染的作用，通过科学安排轮作时间达到加强土地修复功能的目的。在满足传统种植业和畜牧业需求的基础上，法国农业还注重挖掘农业的休闲观光功能，并通过深加工作业使农业生产形成了一个完整的产业链，使农业既具有经济价值又兼具休闲娱乐属性，起到环境保护的作用。法国现代农业还拥有社会属性，表现在其受众群体不仅是农民而且是全社会，它可以为全社会提供新型的观念和文化氛围。法国多功能现代农业是注重生态、科技、环保的集约化生产模式。

通过对法国现代农业的发展模式进行分析，可以得到如下经验：

第一，加强法律和制度保障。"二战"以后，法国通过制定一系列为保护农业发展发挥积极作用的法律制度，对农业规划新的布局和实现集约化有序经营发挥了非常重要的作用，因此可以说政府立法是现代农业发展的重要引擎。对于环京津地区今后现代农业的发展方向，政府应在全局规划的基础上制定出相应的法律规章，引导农民在有法可依的前提下依法兴农，规范农业生产行为，为保障环京津地区沿着绿色环保的思路发展农业这一方向顺利进行发挥必不可少的作用。尤其是与土地有关的法规，在城镇化进程高速发展的背景下，许多与土地相关的法律纠纷和问题逐渐得到人们的重视，完善城乡居民的土地流转政策对维护社会稳定和谐健康发展，推动进一步土地改革具有重要的作用。

第二，强化农业产业化生产。法国在农业产业专业化方面取得了丰富的经验，通过加强产业化水平，对农业生产的全过程机械化进行普及，使农业生产不仅在产中环节应用到机器设备，也向产前和产后环节推广。在这一过程中，农业的专门化起到了不可忽视的作用。专门化生产可以使优势力量集中起来生产某一特定产品，方便推进农业机械的广泛使用，进而加速现代农业发展速度，带动地区经济发展。因此，利用有限资源加大生产规模是法国现代农业发展的一个重要方式，在此基础上辅以机械化、科技化、信息化等手段，使产业化程度不断提高。环京津地区应该加大科技投入力度，通过对产业进行规划，分出区域重点发展不同的特色产业，通过增加技术含量加快农业发展步伐。

第三，深化改革力度，调整产业结构。传统农业主要将劳动力集中在第一产业，随着农业现代化进程的加快，产业链在向纵深发展，其具体表现在乡村从业人员向第二产业和第三产业的转移。并且，在第一产业内部，农林牧渔业资源分配趋于合理，既能满足基本需求，也能满足对经济和生态环境乃至社会发展的要求。环京津地区可以通过产业结构的升级，打造高品质的有国际知名度的品牌，培养龙头企业进行规模生产，并推进该地区上游产业和下游产业的发展。

第四节　中国台湾和四川的休闲农业模式

中国台湾农用土地资源较少，城市化程度较高，气候和风景适宜旅游，20世纪70年代末台湾经济高速发展并进入了全面小康社会，长期生活在城市处在工作压力下的人们渴望回归和接近大自然，这促使台湾现代农业发展模式主要是以休闲观光为主的农业类型。

台湾在1980年就创建了木栅观光茶园，标志着休闲农业的开端。1984年台湾又开放了以农业经营为主题的游乐场所东势林场。1988年，台南建造了该地区最大的度假基地走马濑农场，其内部120公顷的面积中有2/3都是大草原，随着现代农业的不断发展，台湾当局相继出台了若干休闲农业管理办法对休闲农业发展的范围、规划等方面的内容进行规定，促进台湾休闲农业蓬勃发展。在对于休闲农业区的规划方面，台湾当局规定面积应该至少大于50公顷，并且能在提供休闲观赏的同时生产农作物。为了给休闲农业经营者提供更专业的帮助，"农委会"还专门成立了专家小组对涉及农业生产方面面的问题予以解答，这对推动休闲农业生产的发展起到了积极的指导作用。随着工业化突飞猛进的发展，20世纪90年代初，台湾提出建设"富丽农村"的目标，将"三农"问题与"生产、生活、生态"结合在一起，为平衡城乡差距、改善农村环境、增加基础设施投入等方面都发挥了非常重要的作用。"富丽农村"倡导有机农业和循环农业经营方法、农业经营企业化、成立农业策略联盟互帮互助，强调农业知识经济的重要性，并加强农村社区建设，提高农民福利水平。

通过对台湾现代农业发展的回顾和分析，不难看出以下几点。首先，台湾当局在立法和组织农民协会等方面的作用举足轻重，无论是组织农业技术推广还是加强行业内部联系，农会都起到了至关重要的作用，而农会的成立和组织管理与台湾当局的努力是分不开的。农会在农民中起到了引领指导作用，使农业布局规划更容易落到实处，农业发展目标也更容易实现。台湾当局颁布完善的法律法规也起到了对农业健康发展保驾护航的作用。其次，仅发展农业而不注重配套设施是不可取的，比如休闲农业大多集中在远离城市的乡村，要想拥有更多的客流量，公路的修缮必不可少，住宿等设施也必须跟上。也就是说，想要发展农业产业，就必须完善相应的设施，而整体设施的完善与社会发展的整体水平密切相关。对于环京津地区来说，要想发展休闲农业，同样应该抓基础设施建设，使基建与农业发展相匹配才能真正拉动地区经济整体水平的提高。并且，发展休闲农业应该注重文化内涵的深层次挖掘，如果能够与该地区历史发展、文化足迹、科技应用、农耕体验、采摘等多种要素联系在一起，则对于推动当地文化与科技创新起到积极的作用，因此一个地区的经济增长、社会进步与农业发展三者之间是相辅相成的关系。

四川是驰名中外的旅游大省，其自然环境和餐饮文化均为人们所津津乐道。郫县位于成都近郊，自然风光优美，是我国农家休闲游的发祥地，主要发展休闲旅游、农产品深加工为主的现代农业模式，该地区农家乐由1997年的70余家发展到2014年的300余家。近年来，郫县还致力于发展花卉种植，使环境愈加优美，吸引了大批游客前来游览。仅2013年国庆节，郫县就实现旅游收入771.36万元。这一指标值还在逐年上升，乡村旅游带动当地农民致富，越来越多的农民加入到了农家乐的队伍中。2009年，郫县政府引导企业参与规模经营，整合资源，推出精品化旅游，使郫县农家乐顺利迈进转型过渡阶段。为了规范乡村游、促进休闲经济蓬勃发展，县政府相继制定了若干政策文件，在金融、用地、税负等方面对旅游项目予以倾斜并给予资金支持，对旅游度假区的质量进行评级并予以相应的奖励，这些举措对夯实休闲农业的产业基础起到了重要的作用。通过政府指导、公司—农户相结合的发展模式将餐饮娱乐、休闲体验融为一体，形成了若干具有典型示范效应的精品农庄。例如徐家大院，通过转型升级，目前已经成为五星级乡村酒店，其创始人年收入超过200万元，并提供就业岗位百余个。蓬勃发展的乡村旅游也吸引了外地投资者前来投资农家乐，目前，郫县园艺专门化程度高，乡村游品质好，也带动了当地农产品生产质量的提高。全县投资上亿元开展产业化项目，并与多个高校联合建造科研基地，使郫县成为开发、种植、深加工一体化产业链的全国著名示范区。

环京津地区在吸收借鉴郫县的经验基础上，应考虑到自身地理特点和自然环境条件，在制定现代农业的发展目标时，既考虑到经济效益又考虑到生态功能。面对首都北京和天津巨大的市场需求，着眼于环境优美的立足点发挥农产品丰富的优势，利用临空、临海以及陆路交通优势做好全产业链条的分工合作，重点发展高附加值的现代农业。通过吸纳物资和先进科技人才的方式提升产业的专业化、工厂化，加强对自然资源的利用率，加大技术和资金的集约度，利用先进的管理手段加强对地域上具有分散性的农业生产单位实施有效管理。政府和企业管理者应将发展农业的视角放大到多维空间，挖掘农业产业附加值。引入科学技术还可以使农业生产打破地域和气候的限制，利用人为手段尽可能地改造农作物生长环境。农业产业与其他产业加强横向和纵向的融合，通过产业联合提升竞争力，使产业链之间相互带动，并以此获得更多的发展机会。

第五节　山西和江西的生态农业模式

山西在发展现代农业时强调对资源的节约和有效利用，通过一系列行之有效的节水措施缓解了当地耕地面积中旱地较多的压力。山西省的黄土丘陵地带水土流失现象严重，然而该地拥有良好的生物资源环境，具有深挖掘的潜力，因此一旦采取有效灌溉的方式势必能解决土地利用效率不高的问题。所以，山西省在该地区大力推广保湿技术，采取农膜覆盖的方法留存土壤内部水分，对农业产品的选择以节水型作物为先进行总体规划，通过坡改梯的方式对农地进行节水改造。位于城市边缘的郊区在农业用水方面长期受到满足城市用水为先的影响，呈现出供水不足的局面。为了改善这种局面，山西省致力于郊区节水设施的修建和改造，通过管道输水工程和先进的防渗漏技术使用水过程中的浪费现象降到最低，大大提升了用水的覆盖率和均匀程度。山西的井灌区是该省重要的粮食作物生产地，该区自然条件非常适宜发展农业生产，然而受长期地下水超采的影响，地面塌陷现象严重，曾一度威胁农业生产安全。因此，山西省下大力气严控地下水过度开采，并对水资源充分灌溉的技术予以推广，既保护了该地区的生态环境，又最大限度地满足了农业用水的需求。山西省的流灌区长期以来承担着山西省农业的灌溉职能，受工程设备年限较久远的影响，很多设备故障多、效率低，影响了灌溉水平。山西省运用先进灌溉技术对这些设施进行改良，并调整了原有的种植结构，最终达到科学节水的目的。

山西省发展现代农业的核心关键词体现在科技上，无论是黄土丘陵区、流灌区还是城郊，山西省都通过注入科技含量改善不良的环境以达到节约灌溉、科学种植的目的。这启示河北省环京津地区在发展现代农业生产时注重科研成果的应用，并且应该针对不同地形地貌特征和现有的农业技术条件，因地制宜地对现有环境进行改造，以达到可循环发展的农业生产条件，不能简单地采用统一的方法。河北省环京津地区的地形地貌相对复杂，拥有山地、平原、高原、草原、沿海等，针对这些地区应选取不同的作物采取不同的方法，以达到资源的合理配置和良好的种植效果。在实施过程中，政府和科研机构应发挥主导作用，起到规划和指导农业科学生产的主要作用。

江西省是产粮大省，为了把粮食产业做大做强，江西省大力发展龙头企业作为示范，引导周边农户在供产销的各个环节通过签署协议的方式统一在一起形成规模，增加其市场竞争力。其中，协议的制定是重要环节，要求在做好长期规划的基础上协调好单个农户与龙头企业间的利益关系，使双方利益趋同。龙头企业依托良好的政策环境，用现代化的管理思想组织生产，坚持将高科技运用到生产过程中，极力打造高品质的产品品牌。江西现代农业发展将绿色可循环放在首位。例如赣南地区采用的一种生态模式就是将沼气池猪舍和果林相联结，利用粪便发酵作为肥料种植果林，另外还可以将沼气作为生活燃料供农户使用，农户还可以发展休闲农业，开设农家乐旅社吸引周边游客前来休闲参观，增加旅游收入（见图7-2）。利用该种方法起到了资源最优配置的作用，使农业生产的各个部分有机地联系在一起，达到循环高效可持续发展的目的。

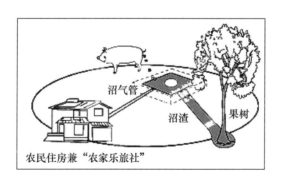

图7-2 "猪—沼—果"模式

通过对江西发现绿色高效生态农业的分析，对环京津地区的启示主要在于如何科学将能源进行合理利用的问题，环京津地区的政府和农业合作组织应该在充分考察当地农业生产全过程的基础上对生产流程进行合理的规划重组，使农业资源充分利用；改变以往粗放的发展模式，采取集群式的生产方式对农业生产进行统一管理，尽量使农户的生产更加规范化和规模化，通过龙头企业和农民合作组织吸引和带动当地农户进行统一生产和销售，以提高农户的组织程度以达到规模效应，并着力打造有国际竞争力的知名品牌。龙头企业不仅在生产方面对农户予以规范和指导，还在流通和深加工等环节发挥重要的作用。

本章小结

本章通过对美国的农业集群发展模式、新加坡、法国、中国台湾和四川的休闲农业模式、山西和江西的生态农业模式进行分析，结合河北省环京津地区的地形地貌及农业资源禀赋情况进行分析。环京津地区在吸收借鉴以上地区的经验基础上，应考虑到自身地理环境特点和自然环境条件，通过吸纳物资和先进科技人才的方式提升产业的专业化、工厂化，加强对自然资源的利用率，加大技术和资金的集约度，利用先进的管理手段加强对地域上具有分散性的农业生产单位实施有效管理。农业产业与其他产业加强横向和纵向的融合，通过产业联合提升竞争力，使产业链之间相互带动，并以此获得更多的发展机会。在制定现代农业的发展目标时，既考虑到经济效益又考虑到生态功能。采取集群式的生产方式对农业生产进行统一管理，尽量使农户的生产更加规范化和规模化，通过龙头企业和农民合作组织吸引并带动当地农户进行统一生产和销售，以提高农户的组织程度以达到规模效应，着力打造具有国际竞争力的知名品牌。

第八章　环京津地区现代农业发展的对策建议

环京津地区作为河北省重要粮食产区、水产品产区和畜牧业产区，因其自然条件和显著的地理位置，肩负着保障食品安全和京津生态屏障的重要作用。其中，张承地区和保定山区还是少数民族聚居地和经济欠发达地区，具有特殊的地域特征和文化特征，因此发展环京津地区的现代农业势在必行，其现代农业的发展将为河北省经济建设提供了坚实的物质基础。制定适合环京津地区现代农业发展切实可行的策略有利于该地区全面实现增产、增收、增绿的战略目标。

第一节　环京津地区现代农业发展的基本思路

一、明确发展目标

以《河北省现代农业发展规划》（2016～2030年）为基础，结合当前环京津地区现代农业发展的最新情况，为环京津地区制定下一步发展目标：争取到2020年，环京津地区主要农产品区域布局完成，生产能力得到有效保障，设施农业覆盖面进一步扩大，能源有效利用率大幅度提高，科技支撑能力不断加强，农民收入显著提高。

二、确定发展模式

环京津地区选取发展模式时，应综合考虑国内外先进国家和地区的经验，通过对环京津地区农业发展的基础条件进行分析，因地制宜地吸收总结出适合其自身发展条件的符合生态、优质、生态、高效的发展模式。注重发展现代农业的多功能性，既要兼顾经济效益，又要兼顾社会效益，充分发挥现代农业的生态保持作用、休闲观光作用、水土涵养作用等多种功能。将环境与农业生产质量并重，以科学技术为驱动力、以农业产业化为基础实现标准农业集约式作业模式，提高生产效率。推进农业特色产业品牌建设，达到最优市场效益。因此环京津地区现代农业发展模式是以集约化、规模化为目标，生态、社会、经济效益兼顾的农业发展模式。

三、选取发展重点

环京津地区现代农业发展的重点应放在农业基础设施建设、新型农民培育和科技推广、产业链延长等几个方面。

第一，丰富和完善农业基础装备的同时提高信息化和科技化水平，并加强对新型农民的培育，使农民掌握先进的知识提高劳动生产率。

第二，完善产业链，优化经济结构，以特色为目标对农业区域进行划分，以便实行专门化生产，同时要注意使农业生产不光停留在第一产业阶段，也向第二产业和第三产业发展，提高农产品加工工业和休闲观光旅游服务业等第二、第三产业的发展速度，大力发展工厂式农业，推进农业产业基地生产标准化、规模化、量产化。

第三，环京津地区的畜牧业发展潜力巨大，是河北省畜牧业和渔业生产的主产区，应优化畜牧业和渔业结构，对牛、猪、羊、鸡、兔等新品种进行开发，并划出重点区域进行集中养殖，推广新技术，加大品牌经营力度，争取建立优质畜牧产品基地。

第四，抓好林果业生产，生态园林可以起到净化空气、提高生态效能的作用，木材产业可以为农民增收致富，逐渐发展成为"一村一品"的格局。

第五，通过发达的物流系统和完善的市场体系将农产品与目标客户相联系，及时准确地将农产品推向市场，实现较好的经济效益。通过专门化生产提升环京津地区农业特色产业生产模式，争取在环京津地区发展省级龙头企业，带动当地农民生产。

第六，环京津地区可以利用景区优势发展观光休闲农业带动农产品的销售，扩大品牌知名度，打造具有地方特色的旅游线路。

环京津地区现代农业发展的支撑体系主要由四个方面构成，即生产要素、产业、制度、市场体系。其中，生产要素系统包括资金、新型农民、科技与信息化；产业体系包括主导产业、延伸产业和配套产业；制度体系包括政策制度与法律法规；市场体系包括国内市场和国际市场，如图8-1所示。

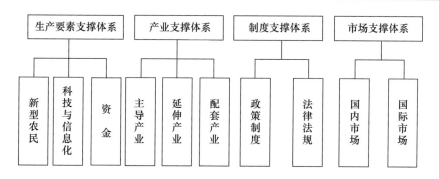

图 8 – 1　环京津地区现代农业支撑体系

第二节　生产要素支撑体系

一、加强新型农民培育工作

通过宣传教育方式让广大农民转变思想，打破传统观念，鼓励提高对教育的重视程度，鼓励一部分有接受能力的农民子女接受长期、系统的高等教育最终进入人才市场，另一部分长期以耕地为生的农民可以通过短期培训的方式，由科技人员下乡有针对性地讲授相关知识，实地操作示范，方便农民在劳动力市场找到合适的工作。也可以通过成立劳务中介机构的形式，通过签署合同规避风险的方式使农民工先针对市场需求接受培训再被介绍到企业工作，以便使农民工教育更好地与市场接轨。

第一，健全农业技术推广体系。各级政府应组织和督促本地区农业教育机构、科研院所、农技推广机构及涉农企业相互合作，做好各单位的目标协调改革工作，将做好新型农民培育工作的绩效考核纳入到各单位考评体系中，分层次、分领域对本地区涉农各机构进行梳理，分别下达工作规划，将工作细化、具体化。各地方政府之间可以通过组织异地培训的方式相互学习，鼓励和促进新型农民向职业化方向发展。

第二，建设农业技术推广人才队伍。根据需要加大财政投入力度，增加农技推广人员收入，按照服务年限、业务能力等方面考核人才，分级确定奖励额度，鼓励和引导优秀人才加入推广队伍中。加强对农技推广人员生态建设、市场营销、产业结构等多方面知识体系的培训，使农技推广人员具有更全面的素质应对新时期下农业发展面临的综合问题。

第三，建立农业技术转换平台。在农业技术示范基地中将研究机构研发的科技成果进行转换，供农民观摩学习，起到良好的带头作用。各农业院校学生可以将示范园作为实习基地，开展学习实践活动。通过这种直观的方式，一方面可以增强农民的科技意识，将运用科技知识改善生产技术水平由外在政策指引内化为自身需求；另一方面规避了农民的生产风险，使农民在今后的生产实践中做到胸中有数。

第四，因地制宜选择培育模式。我国各地区地理环境差别较大，不同地区农民由于自然条件影响，侧重的培训项目各不相同，在模式选择方面不能一概而论，需要做到因地制宜。以耕地为例，《中国农业统计年鉴》的数据显示，内蒙古、黑龙江、河北、河南、山东占据了我国耕地面积的前五名。环京津地区在此区域内，该地区农民是我国粮食生产的主要贡献者。国家应充分重视鼓励这些地区的农民从事农业生产，想方设法利用其耕地面积，提高使用效率，可以参考美国模式将重点放在农业机械技术的培训上，促进粮食作物的投入产出比。集合区位特点，做到强强联合，加大农业产业化的发展，加大规模效应，将农作物的生产环节和加工环节做精做细，在产业链的带动下增加农民生产积极性。应依托周边城市的资源，通过搞好"农超对接"等方式实现农民增收，在培育农民的过程中，将这些经营理念教授给农民。同时，加强环京津地区农业院所和农业企业的联系，让科研人员指导企业搞好示范园区，做好科研项目应用的培育，让农民在示范园中开展参与式学习，突出其主导地位。

对于该地区具有较强的地方特色优势的农业产业，如中药材应着力打造国家级特色农产品基地。在进行农民培训时，我们应抓住这一特点，结合积极发展其畜牧业及旅游业的综合目标，向农民传输生态农业的观念，结合院校资源提升该地区农民素质，充分运用网络信息化手段进行有针对性的技术培训和产品推广。另外，可以结合日本和韩国模式，通过农业技术组织间传递信息和知识，更多地鼓励当地企业和农业组织间以市场机制自主结合，使农民通过实践熟谙市场机制和生产技能，在市场经营过程中发现的问题通过农业技术合作组织得以及时解决，这种培育模式侧重于市场引导模式。

提高环京津地区农业现代化水平乃至全面建设小康社会整体发展目标的实现根本上应从新型农民的培育入手，而培育模式的选择是培育高素质新型农民的重要途径。加大农业技术推广力度，为环京津地区实施科教兴农战略打下坚实基础，政府和各级科研院所应力争持续为农民提供支持，开创新时期下农业和农村发展的新局面。

二、提高科技及信息化水平

2012 年的中央一号文件以农业科技作为关键词，强调大力发展农业科技，说明农业科技对农业加速发展起到了决定性作用，并进一步为农业产量提高、农民收入增加起到了积极的作用。农业科技对引导和推动农村发展建设起到了举足轻重的作用，在当前农业转型时期，河北省环京津地区面临着如何处理经济增长、农民增收与资源紧缺、市场竞争激烈、生态环境亟须改善的矛盾，可以利用本地区及周边地区科研院所的资源对农民及农民合作组织进行科技知识的传播。新型农民是农村发展的生力军，培养农民学习新技术，更好地将科研院所研究的科技成果转化为实用的可推广的技术，提高资源使用的效率。集中优势资源发展科技含量高的生产方式。当前我国农业的发展模式已由以往的注重劳动力投入的粗放型向科技含量较高的集约型转换阶段。例如地膜覆盖技术，通过对土地温度的保护，使得北方地区克服了昼夜温差大、冬天寒冷的劣势，起到了增产增收的效果。还有些地区利用塑料大棚使农产品生长环境变暖，达到提高经济效益的目的。因此，为了适应国际竞争的需要，提高产品质量标准，符合社会环境对绿色环保及生态高效的要求，满足人民群众对产品质量不断提高的要求，必须通过注入科技含量狠抓产业结构调整，加大农业产品深加工，使农业产业的增长模式从根本上予以改变。应在农作物生产的全过程广泛运用高科技手段。

在完备信息资源构建及运用历程里，分工有着迥异的差别：第一，政府统计、事业等部门与信息组织部门一起调研，从而收集农村当前法律法规、科技运用状况及农民当下生活状况等一系列的信息。第二，农业科研院所及相关高校，借助座谈交流抑或网络搜寻科研资料等途径，迅速收集相关信息，所收集来的信息重点用在开发新技术及新产品，之后借助培训、报纸、杂志等各种形式，让农民有效科学地使用信息资源。第三，农业合作社与致力于农业发展的农村合作机构、行业协会等合作，借助问卷调查分析等途径，收集大家需要的大量信息，并把收集的各种资料整合至农业单位，此类指导生产的信息、传播新技术的信息等，借助纸质传媒、乡村广播站、网络等各种形式迅速传播开来。

环京津地区借助各种途径传播信息技术，对农户而言，最关键的是针对性要强，要根据实质状况加以传播。农户运用新科技是否有积极性，关键是他们自身的理解水平，运用之后能实现的渴求目标、新科技的普及相关服务等，其关键农民可以切实增加收入。农民更注重借助有关的传媒途径接触现代化的生产科技。然而有个情况相当明显，其他传媒途径，比如农业技校、有关科技的发布会、合作组织等起到的作用也存在某种局限，对农民发挥的作用不大。所以，要着重彰显合作体在推动农民进步中的重要作用。打造某一农业信息科技的光辉典型，挑选恰当的、合乎要求的传播途径及散布形式，就可以在短时期内将科技转变为生产力及实际资源，从而最终达到农民创收、农村进步的目的。

在构建农村信息化根本设备的历程里，理应靠政府主导，通过增加财政投资，积极构建信息网络系统，给农业栽培及相关运营供应信息设施和服务，重点向大家宣传种植相关科技、市场供需知识、农产品改变价格等一些信息，给农业的开展及运营供应精准、有效的信息。另外，要许可诸区域根据自身现状，充分借助民间资本，准许个体及民营公司跟集体展开经济协作，大力助推信息化基础设备的构建。政府也能够加入合作，发挥监管及介体效果，一起转变信息基础设备滞后的状况。

农民整体素质不是很高，某种意义上制约了他们对信息化的认识及接受能力。要使信息化的水平切实提升，必须增强农民的信息能力及思想。首先，重点培育有知识、懂技术、会管理的文化型农民。其次，加强对农业普及工作者的大力培训，体现他们在构建信息化历程里的用途。再次，强化基于农户的相关培训，增强农户的整体素质。基于国内农村党员干部进行远程教育的第一批试点城市，哈尔滨已在全市范围构建起远程教育的网络体系，采取借助网络开办培训基地、送技术到农户、发行农业科普刊物等举措，构建起普及农业科技的生力军。

通过学习先进国家的相关做法，他们的信息科技早已落实到农业生产的每一个环节。借助信息科技，能够让以前的生产模式得以转变，可以快速提升农业的生产效率，尽可能缩减生产的相关成本，能够处理成本加大、报酬减少等导致传统农业进步缓慢等情况，还有利于完备农业生产构成。低消耗、高产出的生产构成模式会渐趋代替以前的高消耗、低产出的生产构成模式，进一步全方位推动农业及科技的快速发展，达到持续、稳定、快速推进农业的目标。当下，国内经济渐趋迈进新常态，自高速发展转为中高速发展。基于国民经济的根基产业的地位，农业进步遇到了众多的挑战，同时也面临前所未有的机遇。在经济发展减速的前提下，农业怎样持续巩固其位置，确保农民继续增加收入，是一定要解决好的关键课题；怎样确保国内农产品的科学供给及质量安全，使农业的可持续发展力及竞争力大幅提升，是一定要认真面对的关键挑战，需要大家积极转变发展农业的思想，助推农业早日达到现代化的目标。

信息化水平的高低对于现代农业的发展影响较为显著，行之有效的信息服务在现代农业的各个环节是至关重要的，无论是进货、生产、深加工，还是市场营销，都应该提高信息技术水平。河北省在提高信息化的规划建设方面做了许多工作，例如农网信息入乡工程、动植物疫情防控信息系统、农业科技推广服务平台、农业技术视频指挥平台等，在河北省 2014～2017 年的农业信息发展规划中均有涉及。通过对农业信息资源在省、市、区、县、乡、镇的整合将推动现代农业发展的水平和效率。农业产业的标准需要信息化手段作为媒介，信息通畅可以使农民在更加公平的市场交易平台下选择自己的产品定位、产品技术和提高产品质量标准，减少欺诈行为的发生。应提高大量分散农户生产出的产品质量同一化、标准化程度，增加国际竞争力。另外，农业产品的销售需要借助完善的信息平台，农产品利用国内电商例如淘宝网、中粮我买网、大槐树，可以将产品销售区域扩大，使销售的客户群体拓宽至全国乃至海外，通过充分开发客户极大地提高销量。高品质的信息平台可以为农产品流通提供完善的价格机制，规范产品定价，保障农民权益。同时，信息化水平的提高还能起到集结单个农户加大产业规模的作用。可以说，先进的科技知识是发达的信息技术的前提和基础，信息技术又是将科技知识落到实处的手段，二者间相辅相成，互相促进。

三、拓宽资金来源，提高资金使用效率

环京津地区现代农业发展资金需求的满足程度主要受地方财政影响，应充分发挥财政政策作用。

首先，加大科技补贴力度。将科研院所的成果及时转化到可供农户操作使用的实用技术，支持科技人员下乡示范新技术并提供技术咨询服务，加大对新技术的投资力度和对新型技术的奖励力度。

其次，加大对农民直补的力度。进一步整合财政支农资金，并且对农业补贴进行法制化管理。在这种常态的资金来源基础上应该积极开拓更为广泛的融资渠道，尽力提高资金筹集的数量，通过对上级财政政策的充分运用，将项目的数量和资金的类别作为突破口。其中，京北地区地处燕山山脉的连片贫困带，地方政府可以将扶贫资金和各种农业补贴资金进行整合，再通过分析具体地区实际情况将集中后的资金用于重点项目，深化财政体制改革。对于资金投放的方向予以明确，环京津地区可重点投放资金在具有地方特色的农产品项目的生产和深加工上，保证地区产业链的深化和产值的提高。廊坊万庄生态城可效仿曹妃甸生态城发展模式。政府还应对资金的去向和数量加强监督。避免资金投放过于分散，起不到实质作用。例如在具体用途上，平原地区用于购置大型农用机械设备进行大面积的生产，在山区则用于扶持龙头企业和产业链拓展等。做到充分运用农用资金，并为农业企业与金融机构之间构建切实有效的交流及合作的平台，使农用资金不仅得到政府的支持，也得到金融机构的扶持。

在资金的使用上，不仅要重视量的提高，还要注重质的水平，也就是对于资

金使用的效率进行监督，对于那些使用效果好的项目予以继续投放资金，而对于效率差的或不规范的项目则及时终止甚至收回资金。通过定期审核的动态考核机制实现农用资金的全程监督，使专项资金做到高效利用。

第三节　产业支撑体系

一、分区域合理规划"双核四产区"现代农业布局

所谓现代农业产业体系指集食品安全保障、资源环境保护和开发、经济发展、文化传承、服务市场于一体的综合产业体系。其中，既包括农产品生产，也包括旅游观光、生态保护等生物能源产业和旅游业，还包括农业产业支撑体系，例如信息咨询、市场流通等社会化服务产业。

环京津地区各区县现代农业产业的定位应围绕地理优势和自身资源禀赋条件，依托当前京津冀一体化的战略发展要求，按照产业链模式整合资源，从整体角度出发对该区域进行产业布局，形成双核四区的空间格局，也即以北京和天津作为双核，向周边地区发展四个产业区六大基地，如图 8－2 所示。

（一）京北生态涵养区（科技核心）

京北生态涵养区包括张家口和承德地区，该地区地处河北省的北部，生态环境较好，有丰富的旅游资源和人文景观，同时也紧邻首都北京的北部及西部。随着近年来环首都经济圈和京津冀一体化概念日益得到重视，京北地区在环首都地区所承担的职能被定位为发展突出生态资源保护和利用功能的现代农业以及休闲度假功能的休闲农业。

京北生态产业区毗邻北京怀柔。目前怀柔作为"文化科技高端产业区"拥有中科院科教产业园和互联网创新基地，中关村对于新能源系统、教育信息应用和数字信息应用等服务具有绝对的竞争优势，其资源外溢势必对周边地区带来辐射作用。这些都为京北生态涵养区现代农业提供了高新科技的坚实后盾。冬季奥运会的申办也给京北地区发展现代农业带来了新的契机。

通过综合分析京北地区的地理特点和农业资源状况，将其分为北部坝上生态农业区、西部丘陵节水农业区、东部燕山立体农业区、南部盆地特色农业产业农业区、中部山地集约型农业区。

北部坝上生态农业区包括康保县、沽源县、张北县、围场满族蒙古自治县、丰宁满族自治县。该地区地处蒙古高原南部，地势呈现波状高原形态，气候较为

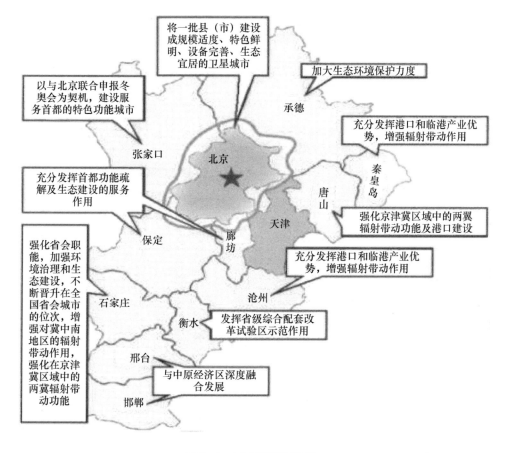

图 8 – 2　环京津地区地图

寒冷干旱但日照时间长。其拥有广阔的草原和林地，围场素有"华北之肺"的
称号，为京津提供了生态屏障。该地区是张承地区的牧业主产地，同时也是蔬
菜、油料的主产地。该地区人口较为稀少，开发潜力较大，然而近年来土壤沙化
现象导致草场退化，应发展无公害农产品生产，加大力度进行草场建设，以养牛
为主发展畜牧业，利用风能资源进行发电，培育好龙头企业。另外，由于坝上草
原是河北省著名的风景区，适宜盛夏避暑骑射和严冬滑雪，久负盛名的木兰围场
和京北第一草原均在此区域内，自古以来就是王公贵族练习骑马狩猎之地。因此
结合人文资源和自然资源发展休闲农业也是该区域的一个发展方向。进一步深加
工产品，例如皮毛加工工艺、木耳加工、林木加工等，通过发展以农产品加工为
主的第二产业和围绕旅游景区开展餐饮、物资供应等第三产业实现劳动力的转
移，促进农业经济整体发展。

西部丘陵节水农业区包括万全县，该地区耕地面积占全市总耕地面积的23.47%，四面环山，为半山半川的低山丘陵地势。该地区温度适中，光照条件好，水资源较为丰富，灌溉条件比较适宜，因此是张承地区的以水稻为主的粮食和果菜主产区，但土壤养分较低，经营方式粗放导致经济效益低下，对农业资源开发仍不够充分。今后可以通过学习以色列滴灌、喷灌技术发展旱作节水农业，进行专业化集约生产提高效益，退耕种草增加植被覆盖，改善生态环境。

东部燕山立体农业区包括宽城满族自治县和兴隆县，该区域属于燕山山脉，地势陡峭立体，山地面积占全区域面积的89%左右，耕地少，坡地多，水资源丰富，四季分明，适合立体农业种植方式，该区土地肥力较强，有机质含量较高，因此虽然耕地面积较少，但单产较高。同时，该区旅游资源也比较丰富，有京东第一峰之称的雾灵山就在此区域内，每年都吸引了众多游客前来避暑。九龙潭旅游度假区和恒河源旅游开发区也是京郊旅游度假的好去处，宽城的十里画廊风景秀美，万塔黄崖景色宜人。因此，该区在发展休闲农业方面具有较好的先天优势。该区域在发展绿色农业产业方面也取得了不小的成绩，其生产的无公害农产品如野生酸枣已被国家认证为 A 级产品并深加工为野生酸枣汁远销国内外。尽管耕地面积小但科技含量较多，广泛推广小麦玉米套种技术、杂交玉米技术、大棚制种蔬菜技术等。畜牧业和渔业发展势头较好，该区具有建设绿色养鱼基地的基础，适合实行标准化生产管理的绿色农业。

南部盆地特色农业产业农业区包括宣化县、怀来县、涿鹿县，该区域四面环山，呈盆谷地形，水资源丰富，土壤肥力好，气候适宜耕种，因此成为重要的粮食和果菜产区，玉米、水稻产量均较高，食用菌、玉米、中药材、马铃薯也是该地区的主要农产品。该地区毗邻北京，交通条件占有优势，道路四通八达，发展潜力巨大，在抓好粮食生产的同时发展深加工，并兼顾养殖业。瞄准市场定位，抓住特色产品进行深加工，壮大龙头企业，发展农村合作组织推进农业产业进一步升级，最终实现提升农业经济发展和农民增收的目的。

中部山地集约型农业区包括崇礼县、赤城县、隆化县、滦平县、平泉县、承德县，该地区呈阶梯式形态，土壤肥力南肥北瘦，该区是农业经济的中心区域，耕地面积居于首位，通过调整结构、优化产业布局，生产畅销产品提高农业资源利用率是关系到经济整体发展的关键。该区还拥有众多文物古迹，人文景观繁多，是全区域中流动人口最多的地区，可以通过旅游产业推进农村服务业和绿色食品产业生产。该区生产的蔬菜、食用菌、花卉直接供给京津、广东市场，并远销日本，设施农业普及度较高，农业生产商品化程度高。但近年来水土流失比较严重，使粮食单产较低。应着力开发特色产品打造华北地区绿色农业生产区和食品集散地，例如蔬菜、玉米、牛肉、马铃薯、中药材等产业，并充分利用旅游资源建构农业观光园区促进城乡一体化进程；加大资金注入力度实施产业带动使龙头企业带动农户生产农产品，拓宽农户销售渠道，如表 8 - 1 所示。

表 8 - 1　张承地区农业区划

区域名称	地区	发展方向
北部坝上生态农业区	康保县、沽源县、张北县、围场满族蒙古自治县、丰宁满族自治县	畜牧业、水源涵养区、绿色产品基地、观光生态农业区、生态型林业和草业
西部丘陵节水农业区	万全县	旱作农业、特色农业
东部燕山立体农业区	宽城满族自治县和兴隆县	畜牧业和渔业、绿色产品加工、生态林涵养区、生态农业旅游区
南部盆地特色农业产业农业区	宣化县、怀来县、逐鹿县	旱作农业、特色农业、观光农业、精品农业
中部山地集约型农业区	崇礼县、赤城县、隆化县、滦平县、平泉县、承德县	设施农业、观光休闲农业、绿色产品生产集散区、水源涵养区

（二）东南部经济发达产业发展区（产业高地）

东南部经济发达产业发展区主要包括唐山、沧州黄骅。这一地区的重点地理优势是临海，发展经济的硬件设施是诸多港口，目前经济水平在河北省名列前茅，人均 GDP 高出京津冀区域平均水平 2.3 万元，其中唐山的曹妃甸新区、唐山港和沧州的黄骅港和渤海新区，近年来发展势头迅猛。该地区地势以滨海洼地为主。

根据第四章的研究结果可以看到，河北省环京津地区现代农业发展水平较好的地区几乎都集中在唐山地区，这与该地区优越的自然禀赋条件是分不开的。唐山毗邻京津两地，与北京从第一产业到第二产业和第三产业都有多方面的密切合作，其增值链、分销链、产业链都比较成熟，该区域在发展现代农业的同时应该注意发掘其综合功能，将该地区打造为集运动休闲、会议展览、旅游地产于一体的现代农业综合体的示范区域。

河北省沿海经济带经济发展水平较高，现代农业产业园区较多，主要发展渔业和食品加工工业。许多全球知名跨国公司也在此区域设厂，例如唐山遵化食品加工园区、芦台北粮农业循环经济示范基地和沧州的中捷产业园区。沿海地区作为环京津地区的区域增长极，其崛起会形成强大的集聚效应和技术扩散效应，为环京津地区拉动消费水平、输出先进技术起到良好的示范效应。值得注意的是，目前沿海经济带地区差异较为严重，沧州市海兴县的地区生产总值最低。从第四章的研究结果也可以看出，海兴县现代农业发展水平较低。因此，可以把沿海经济带按照经济发展水平划分为三类：分别为经济水平较高的地区、经济发展水平居中的地区以及经济发展水平较低的地区。

第一类主要包括唐山市丰南区和曹妃甸新区，该地区第二产业发展水平较高，是河北省经济发展的"龙头"。同时，这两个地区作为全省现代农业发展水平位于前列的区域，应发挥其环渤海、环京津的核心示范作用，利用资源优势及国家政策倾斜的优势大力发展经济。在现代农业的发展方面主要将目标定位在依托新兴产业的高效农业、设施农业、低碳农业，将新能源和技术运用到农业生产和加工中，利用其良好的区位优势开展现代物流业，并打造具有竞争力的旅游休闲业。

第二类主要包括唐山其他地区和沧州黄骅市。目前，黄骅正在打造黄骅新城，河北农业大学、北京中医药大学等高校均在此修建校区并陆续投入使用，这为该地区的发展投入了科技的新鲜血液。唐山及沧州的沿海地区形成了带状城市集合体，借助互联网信息技术、综合运输网等发达的网络系统连接在一起，可以为周边地区起到辐射带动作用。此类地区应发展现代物流业、生态宜居港口城市、农产品加工业和现代物流业。同时，该地区应把握其优势产业，利用科技助推稻谷、小麦、奶制品和水产品的产量，争取提高这些农产品的综合比较优势，打造环京津地区的重要农业品生产加工基地，利用政策开展产业扶贫，使当地从事同种农产品生产的农户连接在一起，扩大生产规模并统一面向市场，形成完善的产业链。以此为基础，依托区位优势发展休闲观光农业、高科技产业，发挥土地优势大力兴建新城开展新农村建设，争取早日带领农民脱贫致富。

值得一提的是，陆路农业作为农业发展的主流一直是京津冀地区农业发展的主要领域，然而早在18世纪中叶，人类就将目光投向海洋的开发。21世纪以来，海洋农业取得了长足的进步，其核心就是如何将海水用于有效灌溉农作物，以及如何将陆生植物重返海洋等，使沿海盐碱地和荒滩得以有效利用，这些问题需要生物工程、基因技术等高科技的不断创新去解决。开发环京津地区的海上产粮基地是该地区现代农业的远景。在开发现代农业的休闲观光功能时，应考虑将航空与水面娱乐观光相结合，为旅客提供高端、丰富的娱乐项目。目前，国内外许多海边度假产品均采用这种方式增加用户体验，可以积极吸收借鉴，以环保为理念开发生态休闲品牌，倡导公共骑行等低碳环保的方式打造京东休闲小镇。

（三）中部平原临空经济区（核心引擎）

主要包括廊坊以及保定的平原地区和沧州除黄骅以外的地区。该区域配合京南和天津的新兴产业功能定位，在新型能源、现代装备制造业、第三方物流业、会议展览业等方面取得了不小的成绩，尤其是首都第二机场的建设正式启动，标志着该地区作为京津冀地区经济第三极地位的确立。从全球航空城的发展经验看，这一地区未来发展的重点将集中表现为"高科技"和"城市化"。同时，该地区地势平缓，适合作为京津的养老基地。

廊坊市北三县地理位置最为特殊，三河、大厂、香河紧邻北京，作为环京津地区的中心地带，受京津辐射带动作用体现得最为显著，现代农业发展水平在河北省同样排在前列，许多北京人选择在此投资置业也体现了该地区的巨大潜力。因此，该地区应重点发展文化创意产业、高科技产业、医疗康复及会议展览于一身的休闲农业综合体，逐步打造成配套成熟、环境宜居的养老基地。

2013 年，习近平总书记提出了北京和天津共同推进现代化的京津同城化战略，2016 年新机场建设正式启动，至此，位于京津之间的廊坊地区作为临空产业的核心区域位置被正式确立，新机场、北京、天津之间形成了 L 区域（见图 8-3）。廊坊正好在三角区域之间，便捷的物流是其一大优势。利用便捷的运输条件，该地区可以作为环京津地区的农副产品物流基地、有机食品生产加工基地，为农产品远销国内外提供了便利条件，逐渐由交通枢纽发展成为辐射京津冀的 CBD。位于廊坊西部的广阳区万庄地区拥有万亩梨园，生态环境优美，是廊坊市区离首都第二机场最近的地区。2014 年，该地区被廊坊市确立为重点发展的万庄新区，其核心发展目标是打造成宜居、养老、科技含量高、物流发达的城市新区。目前，廊坊市科技谷已建成并投入使用、中国人寿将在此建设全国六大养老基地之一，新加坡悦榕庄集团也将在此打造高端旅游度假基地。这些为廊坊地区现代农业的发展提供了良好的条件。

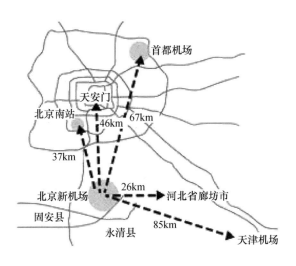

图 8-3　新机场区位

廊坊以外的其他地区属于第三类，这些地区的现代农业发展水平较高，其中沧州地区可积极利用引进外资打造高效农业、设施农业、休闲农业和食品加工业，并兼顾会议展览、养老基地的建设。保定所辖县区较多，其拥有丰富的自然资源和人文历史资源。近期，国家发改委将保定作为京津冀的重点发展地区，并于2016年7月12日确定将其列入现代物流创新发展试点城市。保定市应抓住这一历史机遇，发展设施农业、休闲观光农业。在第四章的研究中，坐落在渤海之滨的海兴县在环京津县区排名靠后，作为一个沿海地区，拥有较为优越的地理优势和资源优势，1994年其被列为国家级贫困县。目前，该地区缺乏有影响力的拳头产品，土地盐碱化现象较为严重，淡水资源也较为匮乏。从比较优势研究看，该地区小麦、大豆、水产品具有比较优势，金丝小枣也是其特色农业产业，应予以重点发展。该地区工业发展滞后，因此环境较好，空置用地也较多，后续发展空间还是很大的。

（四）西部贫困带产业发展区

从第四章的空间聚类分析图中可以看出，河北省现代农业不发达的地区主要集中在西部，涞源、涞水、阜平、唐县、曲阳及张家口的蔚县、阳泉、怀安、尚义连接在一起构成了环京津地区的连片贫困地带。该片区域长期以来横亘在京津冀经济发展的道路上，为实现经济增长形成了不小的压力。究其原因主要是这些地区自然条件恶劣、大多位于深山区、生态环境脆弱，农作物生产抗灾能力差，基础设施薄弱导致脱贫成本高，信息化水平较低，给这些地区农产品的生产、销售都带来了不小的困难。以涞水县为例，该地区山区占80%以上的面积，修路投资成本巨大，财政支持力度不够，因此公路还达不到村村通的程度。而环首都贫困带作为首都的生态屏障和水源地，许多高污染、消耗资源较大的产业都被限制，使得该地区的经济发展雪上加霜。这些地区与京津乃至唐山、廊坊等地区的差距逐步拉大，会严重阻碍京津冀一体化的发展进程，因此应从基础设施建设上抓起，争取把公路、网络覆盖全部区域，为农民实现增产增收提供基础保障，通过"互联网＋"方式精准扶贫，缩小地区间公共服务资源配置不均衡的差距。在此基础上大力发展现代农业产业，该地区大豆、油料的生产具有较高的比较优势，政府可以帮助零散农户整合资源，将这些农产品的生产加工作为主导产业区，实现产销一条龙的产业链。

二、丰富京津冀间产业合作发展模式

（一）定点销售（京津）＋生产基地（环京津地区）

这一模式主要是通过订单农业的方式将生产、加工、物流基地设在环京津地区，根据订单进行生产加工，利用河北省环京津地区的土地资源优势与京津地区的市场优势强强联手，限制对环境有影响的产业，保护首都生态涵养地。这种模式可以起到弥补产业空白的作用，同时还可以减少中间环节，利于长期合作。未来，廊坊北三县和涿州等首都经济圈内圈的县区将更多地承接北京的产业转移，产业结构逐步向第二产业、第三产业调整，因此生产农产品的基地将逐步向环京津地区的外圈移动。

（二）企业联盟模式

企业联盟的一大优点是有利于打破地方保护主义思想，对京津冀一体化的推动起到至关重要的作用。目前，环京津地区存在大量闲散农户和小规模企业，这些独立个体在市场中并不具备竞争力，面临市场风险也较大，如果采用企业联盟的方式，利用统一的信息和网络平台去共同开发市场，降低创新和营销的风险，会更好地形成集群效应，三地政府应更好地站在合作需求的角度牵线搭桥，规划搭建共享平台。

企业联盟也可以通过股份合作的方式实现，主要适用于河北省环京津地区区位优越的地区。由于股份制合作一般是针对企业的，而企业是以营利为目的的，只有在预期收益较好的情况下，企业才会开展股份制合作。因此，廊坊、保定、唐山等地可利用本土资源生产无公害蔬菜等绿色食品并借助京津品牌，用深加工、精加工延伸产业链条。

（三）飞地模式

飞地经济是指打破行政区划，把某地的资金或项目放在另一地进行开发、建设，通过管理和税收分配等方式实现共赢。我国安徽就有净地交由上海开发管理和封闭运作的先例，京津地区资金来源渠道和开发经验都非常丰富，然而发展空间受限。河北省环京津地区尤其在河北贫困地区缺乏成熟的开发理念和引资渠道，而三地位置邻近，这种合作不会因企业搬迁影响区域市场，还有利于加强三地的沟通。

（四）借智创新模式

河北省环京津地区的高科技人才相对京津地区较为匮乏，因此河北环京津地区现代农业企业应加强与京津科研院所的合作，便于培养优秀人才。同时，环京津地区可以通过设立高新技术农业产业的方式吸引人才，充实人才储备。

三、构建农业特色产业低碳化模式

2013年1月，国务院颁布了我国第一部国家级关于循环经济的发展战略及专项规划《循环经济发展战略及近期行动计划》，报告中强调在构建循环型农业体系方面，应该加快推动资源利用节约化、生产过程清洁化、产业链接循环化、废物处理资源化，形成农林牧渔多业共生的循环型农业生产方式，以期推进农业现代化，改善农村生态环境，提高农业综合效益，促进农业发展方式转变。基于循环经济模式发展低碳农业有别于传统农业"资源投入—产品生产—污染排放"的单线模式，强调在耕牧过程中的各个环节遵循减量化、再利用、资源化的"3R"原则，通过构建"资源投入—农产品生产—再生资源循环利用"的模式将整个农业生产过程转变为环形模式。

（一）机制

农业特色产业低碳化模式的构建是一项艰巨的任务，各级政府应该健全和完善组织体系，建立促进农业特色产业深入持续发展的工作机制。

（1）政府在资金筹集、科研投入、人员培训、成果推广、大型机器设备购置等方面发挥主导作用，合理地将现代农业科技技术与传统农业相结合，为切实提高河北省农业特色产业整体水平并引导农业特色产业走低碳化道路发挥作用。

（2）政府应该以充分挖掘河北省农业发展潜力和改善农业生态环境为目标综合分析农业特色产业经济状况，从总体把握产业发展方向，根据河北省各区域气候和环境特征进行规划分类、统一组织、统一运营，促进特色产业区域协作，形成规模效应。将类似的特色农产品进行整合促进农业特色产业专门化水平提高，节约技术资源，通过集中优势资源打造有影响力的农产品品牌提升河北省农业特色产业形象。

（3）在构建产业链的过程中，将重点放在生态产业园、有机农业的发展上。在政策上鼓励部分传统农户向产前和产后环节流动，拓宽就业渠道，增加农民收入。

（4）通过制定财政补贴政策的方式鼓励农民将耕作过程中的肥料施用量控制在某个规定数额之内或直接对从事低碳农业产业的农户给予补贴。同时，可以参考发达国家的经验，对碳排放量征税，引导农业特色产业向低碳化方向过渡。

（二）产前依靠技术支撑节约人力、物力资源投入

环京津地区建设低碳化农业特色产业，必须将农业科技创新摆在更加突出的位置。要动员农业科技力量，合理配置资源，掌握好基础研究、应用研究的比例，形成协作效应，为节约资源提供有力的技术支持。

（1）加大对农业科技人才的培养力度。农业科研院校应通过课程设置培养具备农作物栽培、农药技术、农机技术、病虫害防治技术、环境与资源、法律、经营管理、电子计算机等多种专业知识的综合人才，以适应日新月异的市场需求，通过优惠就业政策吸引更多的大学生来到基层开展工作。目前，农业技术推广人员老龄化现象比较严重，政府部门应出资对农业技术推广人员进行专业知识培训，促进其知识更新，通过多种方式调动工作人员的积极性，做好最后一公里的服务工作。鼓励广大农户之间通过合作组织等方式相互学习，建立农业信息化

平台，加强全民信息意识，使农户和组织将农产品信息、需要解决的问题等及时发布，科研人员和农户、农户间、农户和消费者做到信息交互"零障碍"，为农业产业化生产注入新鲜的活力，提高农户生产和经营效率。

（2）运用深加工技术挖掘农产品附加值。低碳农业不等同于降低生产效率和农民收入，而是意味着更高效地进行农业生产，以最少的投入产出最大的收益。目前，以张承地区为例，该地农产品的深加工比例很低，其中果品加工率不超过10%，粮食深加工率不到8%，而发达国家的农产品深加工率已达到90%以上。以牺牲资源为基础的浅加工重量轻质，目前在河北省的太行山脉、燕山山脉等地分布了70余种珍稀濒危高等植物，国家保护动物30余种，其中许多物种的现状堪忧，过度的采集导致大量珍稀植被减少。比如人参几乎绝迹、近二三十年来很难再寻觅到黄芪的踪迹，野生柴胡、党参、栝楼、苍术、天麻等逐渐稀少，致使中药材价格逐年升高。以林木产品物理加工技术和糖水解技术为主的深加工技术不仅可以针对不同品种农作物进行加工以提高单位产品附加值，同时还可以提高产品的质量，依靠科技手段的应用减少作业过程中的碳排放。例如薄皮核桃产业，可以在常规产品的基础上引入深加工工艺生产健康型大豆核桃乳和袋装核桃肉等，这样不但可以有效利用资源，还可以生产出有利于人们健康的生态食品，这种产品更符合当今消费者对方便快捷食品的需要，实现社会效益和经济效益的"双赢"。

（三）产中推广低碳作业技术节能减排

传统粗放型的农业生产方式仅通过增加施肥和农药等方式去提高产量，势必造成水资源、土地资源、森林资源的恶化，资源恶化又反作用于农业生产，造成恶性循环。

（1）推广减排方式改良传统耕作方式。通过引入微电子智能监控技术对农作物需求进行精确预测，综合天气预报等信息进行定时定位浇灌，运用滴灌、微喷灌等多种节水技术相结合并针对不同品种农作物用水量进行严格控制，加强水资源的有效吸收；改良输水渠道减少灌溉过程中水量蒸发和渗漏损失；对灌溉用水进行回收再利用，提高资源使用效率。以色列直接向作物提供生长所需的无机营养液，其独树一帜的无土栽培技术既节约资源又取得很好的经济效益。

（2）在能源的使用方面，应尽量使用低碳能源，如风能、太阳能等，利用秸秆制沼气和有机肥料降低环境污染。利用生物学方法、有机肥施用取代化肥和高毒性农药。通过媒介协调原理提高动植物的产量，例如，英国提倡"永久农业"，利用生物链中害虫的天敌达到不使用杀虫剂抵抗病虫害的效果，鼓励动植物调动自我调节系统保养资源和能量。澳大利亚实行综合防治的植物保护手段，对农民喷药量进行严格审批控制。

（四）产后对废弃物进行循环利用

我国是世界农业废弃物产出量最大的国家。大约每年产出超过40亿吨，其中秸秆7亿吨和粪便30亿吨是主要构成部分。这些废弃物排放的有害气体对大气、土壤和水造成严重污染，如何将废弃物变废为宝是当前河北省环京津地区乃至全国亟待解决的问题。

（1）以往农户大多将秸秆露天焚烧造成大气严重污染。每年冬天取暖季节这种现象尤其严重，今后河北省环京津地区对于长期耕作的土地可以采取保护性耕种方式，增加土壤有机质，借鉴阿根廷的免耕直播技术，农户可以在土地表层盖一层秸秆杂草，控制播种机作业深度使种子刚好播种在表层土中，这样被保护的土地水分保持度高，节约灌溉水量并且易于发芽，覆盖在上面的杂草对嫩芽的生长还起到了保护作用，长此以往随着覆盖层加厚，土质不断改善，微生物含量高，产量逐年提高。黑龙江省绥滨农场自2009年开始推广将秸秆用于生物质还田和新能源开发，利用秸秆固化和稻壳发电等项目打造新型生态园区，每年处理20多万亩秸秆、稻壳，不仅使碳排放量减少还增加了农民的收入。

（2）通过建造生物工厂的方式将粪便进行发酵转换为沼气和有机肥料的方式控制养殖业中牲畜排放的温室气体，减少大气污染和水污染。禽畜粪便资源经过处理后产生的沼气用于发电，发电过程中的剩余热量用于供暖，沼渣和沼液进一步加工为有机肥料用于种植业，以此构建养殖业、种植业大循环模式。

农业特色产业是河北省环京津地区农业产业的主力军，其发展水平是实现能源循环利用、环境保护、农业经济可持续发展、城镇化水平提高的重要决定因素。基于循环经济的农业特色产业低碳化建设的实施是一项系统而艰巨的工程，也是当前乃至今后一段时期河北省环京津地区农业改革和发展的一项重大课题，亦是一个需要不断深入探索的问题，需要在政府、科研院所、农民的共同努力下分步骤、分区域的制定和实施切实有效的措施。积极探索低碳型农业产业化道路，既是新时期农业现代化发展的需要，又是河北省环京津地区农业发展的必然趋势，对"四化"发展具有重要的意义。通过多方努力，河北省环京津地区终将走出一条符合河北省省情的新型农业特色产业发展道路。

四、将循环产业融入到产业链的设计中

低碳经济是一种以低能耗、低污染、低排放为主要特征的经济发展模式，其目的是在可持续发展理念的指导下，运用新型技术发展绿色经济，减少污染和温室气体排放，最终实现经济与生态的共赢。近年来，随着全球气候变暖，人类社会长久以来的发展方式引发了各方的担忧，各国逐渐将调整气候和生态环境放在今后发展的首要位置。生态城市是1971年联合国教科文组织提出的以生态学为理论基础的将自然环境、经济和社会协调起来共同发展的新型社会关系，也是今后我国进行城镇化发展的方向。

河北省环京津地区地处环首都经济圈，位于北京的生态敏感区，地理位置显要，然而近年来环境问题制约了经济的发展。以低碳生态为理念的地区建设充分体现内湖外海、清洁能源、生态循环、绿色交通、知识经济的理念，就目前生态城建造的地区看多集中在城市与农村连接地，这种地域的选择特点使低碳生态城可以实现多种产业的结合，如环保绿色生态园、有机生态农业、休闲旅游度假村、大学城、高新技术开发区等。这种介于城市和乡村的综合体是周边农村的经济中心，可以对城市化建设起到以点带面的辐射作用，向上可以接受城市的经济、政治、文化辐射，并为城市服务，接收城市的生态移民，成为大城市的卫星城镇；向下可以带动农村经济、文化、科技水平提高，推进县域经济的产业化水平提高。

就其作用看，主要是对当地产业结构进行优化和升级，其核心理念主要是形成循环产业链并持续发展循环经济，通过建造生态产业园的方式使周边农业企业的资源相互循环利用。比如，某企业的副产品作为另一个企业的原料。通过环环相扣的方式实现产业共生，通过对产业链进行设计，将具有相互关联的企业纳入统一产业园中，实现资源的最大利用，形成科技含量高的循环产业。

第一，提高能源使用效率。对于煤、石油、天然气等不可再生资源，要节约利用，积极寻找可替代能源。节约水资源，通过推广高效节水技术优化配置水资源，增加雨水、再生水的利用率。河北省环京津地区可以利用地理条件，大力开发风能、太阳能、地热、沼气等新能源。河北省是农业大省，可以充分利用麦秸秆制造出沼气，进而将沼气替代煤。目前，河北省环京津地区部分农村已经形成了以沼气为纽带的集能源、养殖、种植、环境综合开发为一体的生态农业模式，这样可以缓解煤炭带来的大气污染和水污染。将太阳能用于街道照明和民用建筑。充分利用地热资源开发和利用温泉及居民供热，发展既节能环保又有益身心健康的产业。

第二，强化政府监管力度。政府应该在规划到研究低碳创新技术应用直至最终发展低碳生态农业的整个过程中发挥引导作用，积极将新技术和当地特色产业相结合，把推行低碳生活方式贯穿在全过程中，低碳生态农业并不仅仅是绿色产业的叠加，它应该体现几个特质，比如能源节约的环保、经济具有发展潜力、无论哪个阶层的人都可以享受到可持续发展的好处的环境、适宜人类居住。而这些生活理念的最终实现需要通过政府在组织建设过程中加强引导和监督，一旦政府把握方向出现偏差，就会使现代农业的发展建设背离初衷，失去了生态的核心意义。

第三，完善理论指标体系。目前的指标体系一般认为有九大评价内容：区域环境状况调查及评价；环境影响因素分析与预测；区域资源承载能力分析；方案的环境影响分析与评价；环境容量与污染物总量控制；规划的环境合理性综合分析；公众参与和专家咨询；规划的调整建议和环境影响缓解措施；规划实施的跟踪评价。可以根据现有的评价体系，确定适合于河北省环京津地区的生态型现代农业发展模式的指标体系，明确衡量生态型现代农业发展水平的标准。

第四，促进产业升级，构建环京津地区现代农业低碳产业链。作为农业大省，河北省在农业产业发展方面，应做好农业低碳化，积极扶持龙头企业，做好示范带头作用，做好深加工、精加工，增加产品附加值，提高产品质量；在发展工业方面，河北省应进一步将生态环境保护因素考虑到产品生产全过程中，从生产能源、加工技术到组件、安装、配送各个环节共同协调发展，形成第一、第二、第三产业相互带动的联动机制。

第五，倡导用绿色环保生活方式替代原有生活方式。鼓励生态环保出行覆盖区域内的交通，以步行、骑车为主，并将公共交通工具的合理规划放在整体发展布局中的突出位置；对现代农业发展区域内部的商务功能建筑和居住建筑进行合理布局，通过资源有效配置减少私人机动车的使用。向居民宣传废物合理利用的理念，提高对垃圾的处理程度，并通过多种方式将其转换为能被居民有效利用的热能、电能。在住宅的建设过程中采用环保节能型材料，在农业区划设计的空间利用上保持较高的植被覆盖率。

第六，大力宣传低碳环保的生活理念。广大农村的农民作为现代农业经济的主力军，其观念所起到的作用不容忽视，因此需要构建一个将农民作为相关利益主体的模型以提高其在维护低碳环境中的参与度。发达国家相对于发展中国家民众在维护低碳环境的参与意识上有明显的差别，这与政府的管理与宣传是分不开的。例如新加坡和法国在减少民众出行方面不仅从意识上通过沙龙、广播电视媒体等方式进行宣传，还在法律法规以及公共交通建设等方面加大资金投入力度。这些方式都对公民习惯加以引导，环京津地区地处京津生态涵养区，倡导环京津地区农民健康、环保、绿色的生活方式以及开展低碳环保的农业生产方式是政府及非政府组织的职责。只有切实让农民感受食品安全和环境污染的威胁会给他们自身带来巨大的危害，才能有效控制有害环境的行为进一步扩散。建立一套贯穿学校、农业企业、社区以及多媒体的综合教育体系是促进并实现环京津地区现代农业的内在动力。

五、结合本地旅游资源优势发展休闲农业促进产业结构升级

随着京津冀一体化的全面推进，交通网络不断发展壮大，带动了京津两地消费群体赴河北旅游的热潮。环京津地区在旅游资源上具有天然的优势，既有风景秀美的自然景观又有历史悠久的人文景观，地理位置毗邻首都。坝上地区是草原类地形，深受周边游客的喜爱，每到夏季都有京津冀的游客前来游玩避暑。蔚县小五台是河北省最高峰。怀来、沽源、塞罕坝一带森林覆盖率较高，形成了国家级森林公园。保定下辖县也有狼牙山、白洋淀、野三坡等著名景区。承德避暑山庄历史悠久，驰名中外。环京津地区还拥有丰富的地热资源，形成了多处温泉。冬季崇礼天然滑雪景区也吸引了众多游客前来健身旅游，永定河水系峡谷漂流也是一大特色。唐山的月坨岛风景宜人，素有小马尔代夫之称。近年来，随着人们生活水平的提高，对健康养生的需求升温，以绿色生态农业为主题的休闲观光旅游也逐步发展扩大，形成了一批星级旅游度假村。2016 年 9 月，河北省第一届旅游发展大会在保定涞水、涞源、易县举行，人体 5S 店这一新兴养生试验区也在该地兴建，一批美丽乡村、特色小镇在河北省环京津地区兴建。随着交通的便利程度不断提高，势必带动更多周边的消费者来此观光体验，对当地经济的拉动和增长起到重要作用。环京津地区以旅游业发展为契机，有效地将农业与之结合，大力发展休闲农业产业，力求打造涵养水源、生态环境优美的绿色休闲农业产业。在将环京津地区打造为全国著名休闲农业旅游地的同时为首都发挥绿色屏障的作用。

第一，深入发掘有地方特色的旅游项目，扶持当地生产旅游农产品的龙头企业，以点带面地发挥辐射作用，带动当地农民开展民俗特色的农产品生产。例如仁用杏、山药、莜面，通过吸引游客采摘等方式逐步形成具有地方特色的民俗村，对提高产品附加值和农民就业、增产增收提供支撑。另外，可以将农业产业与大型活动相联系，例如每年一度的张北草原音乐节，可以让众多音乐迷感受到在广袤无边的大草原上听音乐的震撼体验，同时，将草原文化融入其中，将畜牧业、草原旅游业的特色产品贯穿在活动中，给游客留下深刻的印象，从而使各个产业间融会贯通，形成一个完整的体系。

第二，在发展休闲农业的过程中做到经济效益与社会效益并重。通过休闲农业的发展带动当地农业经济的发展，有利于依托自然资源，打破行政区划的固有思维定式，在合理规划的基础上创建体现地方特色的休闲农业区，从而起到更加高效的利用资源的作用。通过发展休闲农业还可以刺激当地就业，专门化的各项业务培训可以起到提高劳动者素质的作用。通过组织学习交流，可以使当地农民开阔视野和思维，提升文化品位，从而更好地找准市场定位，开发出更符合市场需求的特色农产品，并为引进高级人才参与地方农业产业的建设打下良好的基础。

第三，建立行业协会。行业协会可以起到明确行业标准，扶持农户参与规模化生产经营的作用。从源头上，行业协会对准入市场的产品和项目进行审核，对于不符合环保标准的项目和重复项目等不予批准，并敦促有可能破坏环境的项目予以整改。从满足资金需求的角度看，行业协会还可以有效吸纳融资，并争取更多的优惠政策和补贴奖励政策，保障广大农户和消费者双方的利益，通过规范行业标准使质量不断提升。另外，通过引进先进的生产技术和科技手段为农业产品增加附加值。并鼓励农业企业与科研机构、文化企业合作，以增加农业的文化创意性，使附加值进一步提高。通过构建信息化服务系统使休闲农业消费更加方便快捷。借助行业协会的力量还可以使农业生产的全过程都得到组织的评价和指导，对提升环京津地区农业产业的发展潜力具有积极的作用。

六、加强配套产业建设

（1）近年来，河北省在道路交通建设上狠下功夫，京张铁路预计 2017 年通车，届时北京到张家口的时间将大幅度缩短至 50 分钟。京沈高铁在承德也设置了 3 个站点，廊坊地区正在修建第二机场和城铁，轨道交通大大便利了人们的出行。另外，环京津地区还拥有多条高速公路，大七环蓝图已经在建设中。道路建设为环京津地区的货运和交通提供了便利条件，拓宽了农产品的销售渠道，使市场与供应地的距离拉近。

（2）环京津地区政府在农田水利建设上应下大力气，在山区普及喷灌、滴灌节水技术，完善水库、闸坝的水利配套设施，运用科技手段改造低产田，增加水土涵养面积，为农业发展提供可靠保障的水源。

（3）在新农村建设方面，应做好新民居改造工程，为农民提供干净舒适的社区环境，加大宣传力度，以文明促和谐发展。

（4）投入机械设备，推广标准化作业。环京津地区的农业物质装备水平仍然较低，应在确定当地农业特色产品的基础上，争取使主要农产品的生产实现机耕机播机种 80% 以上，农业机械化生产必将对提高农产品的产量起到决定性作用。

（5）增加信息化网络覆盖面。争取实现户户通电话、通网络。农业信息化程度决定了现代农业发展的速度和高度，只有普及农业信息化才能便于农民对现代农业知识和信息进行及时交流，使农业科技知识得到有效地传播，使农产品销售网络更加广阔。

第四节　制度支撑体系

政府部门在现代农业发展中起到至关重要的作用，河北省政府及环京津地区地方政府应通过财政投入和制定相关政策维护当地农业健康有序的发展，为河北省环京津地区农业发展提供有益的生存环境。农业保障体系涉及许多方面，首先是政策制度引导，其次是资金支持力度。

一、不断推进户籍、就业、社保制度改革

第一，推进户籍制度改革。为了适应当前河北省环京津地区现代农业经济发展的需要，应确保人力资源能够在城乡间自由流动，允许农村居民在居住、迁徙、子女教育方面拥有与城镇居民同等的权利，应进一步打破户籍制度。以往的居住证制度虽然取得了一些进步，然而由于其办理程序繁复、适应面窄，针对人群主要集中在实力较强的企业单位员工，其主要起到的是过渡作用，不能从根本上解决居民由户籍原因产生的身份差异问题，尤其是与户口对应的购房、购车、应聘机会、子女入托、择校及升学优惠政策。未来可以用身份证制度去取代户籍制度，用身份证号码作为个人的符号，彻底打破地域壁垒。

第二，对就业制度进行改革。随着失地农民这一群体的产生，可将农业产业化的基地和劳动密集型的农副产品深加工行业建在小城镇，这将极大带动当地经济与就业。在发展现代农业的同时，还需积极开拓高科技新兴产业，做到信息与技术兼顾。鼓励失地农民在农业加工行业和服务行业、运输行业等第二产业和第三产业间流动。

第三，社会保障制度改革。建立符合环京津地区农村特点的医疗保险、生育保险、养老保险等制度。对于土地已经流转的农民在城市里从事劳动工作的，使其享受到与城镇居民同等的社保制度，转变农民原有的以土地作为保障的思想，从而便于整合土地资源，进而为土地经营权的流转奠定坚实的基础。

二、进一步完善法律制度

受长期以来生产方式的影响，我国农民对于土地具有较高的依赖度，在这样的国情下要想提高土地使用效率就要规范土地使用权交易市场，规范农业用地的管理办法，如集体土地所有权的转让必须经过2/3以上的成员同意方可成立，不得在农用地上从事损害资源环境的作业，否则应予以重罚。对于出让土地的行为政府应该事先给予政策指导价，并及时做好法律咨询工作，以便维护农民在转让土地时的基本权益，保障土地出让在合法的前提下进行，促进土地制度与经济的和谐发展。制度的转变对于统筹城乡发展、实现我国现代农业发展目标起到了良好的促进作用。

开放的市场为自由贸易打下良好的基础，市场主体是市场的重要组成部分，我国法律对于公司、独资企业、合伙企业以及个体经营主体均有相应的约束，然

而大量单个农户作为市场的重要主体却没有明确的制度加以规范。因此，应该通过成立行业协会、合作组织等方式对这些主体进行规范，这样做既能约束其市场行为，也能很好地保护其合法权益。

目前，我国在应对农产品的不正当竞争方面，主要通过反倾销法以及反不正当竞争法予以规范，然而这些法律规章的可操作性仍有待进一步提高和完善。通过法规的完善可以有效建立价格保护机制，以免农民受到由于倾销或垄断等原因带来的经济损失。另外，农业税法和与之相关法规的改革仍应不断深化，对乱收费等市场乱象坚决予以处罚，情节严重的还应追究刑事责任。

环京津地区的农产品发展方向着重体现在"绿色"二字上，因此对于产品质量的要求就尤为重要，对于动植物产品的检疫法规的规范尤其需要引起重视。为确保该地区农产品与国际国内市场接轨提供切实可行的标准，需要政府及时更新检疫标准，同时执法部门的执法工作应确保严格予以执行。

三、加快实施土地流转制度

土地流转是规模化经营的前提条件，河北省环京津地区的农村人口众多，可耕地面积较之北京和天津具有较大的优势，然而长期以来，土地被个别农户持有，呈分散化态势，土地流转制度实施不流畅，导致了规模经营不易展开。因此，耕地监督、管理、转租、转让、互换、入股等方式有待促进实现土地承包和经营权在农户间的顺利流转，加快完成农村土地确权登记工作，以便尽快实现环京津地区的集约化生产经营模式。目前，环京津地区农产品的联动合作机制正在不断完善，在现有合作平台的基础上，应进一步打破壁垒，展开地区间的土地流转，可以促进跨区域产业转移，建立统一开放的农产品市场，成立京津冀土地流转平台，以市场为导向，以经济为手段，实现三地农业无缝对接。

四、加大惠农制度的力度

环京津地区对于发展高效生态型农业的企业应该加大资金的投入力度，更合理地将农业补贴发放到最具有影响力的有代表性的农产品上，以鼓励该种产品的生产。对补贴政策的可实施性应给予关注，操作简便的惠农政策可以使广大农民更快、更直接受益，对引导农业生产方向起到积极的作用。另外，鼓励农村金融机构以及民间资金投资现代农业，通过出台产业政策起到积极的引导作用，使农业资金更为活跃。

第五节　市场支撑体系

现代农业是以市场作为导向的农业生产经营方式，农业企业只有通过对市场进行精准的分析和把握，才能对生产经营行为做出相应的判断，在对整个行业进行全局考虑的情况下，抓住其中的规律才能立于不败之地。

一、加大对有形市场的建设力度

农贸市场、批发市场是连接市民、单个农民、农产品批发商、农业企业的有效实体，应在基于交通条件的角度对有形市场的选址进行进一步规划，使有形市场的建设跟上城镇化建设的步伐，以点盖面地扩大辐射范围。环京津地区毗邻京津，应着力打造具有市场影响力的国家级农产品基地，为周边地区的农产品供给服务，目前建设投产的张北地区 26666.68 公顷农产品基地以及承德地区的 126666.73 公顷绿色有机农产品基地正在陆续投入运营，这些势必会为环京津地区的农产品销售注入活力，曹妃甸新区、万庄新区、白洋淀也在崛起。

2015 年 10 月 29 日开业的高碑店新发地农产品物流园区使得进京货车月减少 10 万辆，交通疏导作用明显，并大大带动了当地经济发展，河北省环京津地区可以此为示范在保定安新或沿海地区建立新的水产品农贸市场，起到以点带面的辐射作用。

2015 年 7 月，丰宁县召开了国家有机产品认证示范县、全国有机农业示范基地推进研讨会，就推进该地区示范基地进行了深入探讨。在对市场进行建设的同时，不应只是将眼光放在场地的扩充上，而应该更多地将重点转移到仓储建设、信息服务、物流配送和升级结算方式等核心硬件方面的建设，改变以往绝大多数农户与客户间面对面交易的传统交易方式，使现代农业市场一改过去脏乱差的固有印象。积极开展订单农业，为农民与企业以及市场之间产品流通提供桥梁。

二、积极推行农产品的 O2O 销售模式

O2O 是将线下实体店与线上网店相结合的模式。近年来，O2O 营销模式逐步被大众所接受并流行起来，例如团购网站、淘宝网、微店都在极大程度上影响着人们的生活，在为人们提供另一种方便快捷的生活方式的同时，丰富了消费者的选择空间，网络把市场和消费者的距离拉近，使二者之间"零距离"，大大提高了销售效率。因此，农产品的销售模式可以利用 O2O 模式来拓宽以往单一的

传统销售渠道。而且网店经营成本较低，小到一个农户，大到一个农业企业均可以找到适合的方式经营农产品。这种新型销售模式能否顺利实施首先取决于农村信息化和科技化的普及程度，从硬件看，互联网是必要条件；从软件条件看，熟练掌握互联网知识的农民是关键。

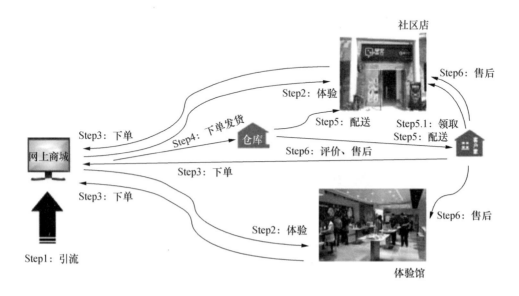

图 8 -4　O2O 模式示意图

第一，环京津地区农业合作组织与农户或农业企业签约，取得丰富的农产品货源，在此基础上，需要为产品质量把关，使农产品质量标准化。

第二，构建网络销售平台，通过电视和网络宣传使网站品牌效应提高，吸引越来越多的人来网站购物，打破地域限制，使农产品供应者与消费者之间的距离缩短，并省略掉传统批发市场模式的全部中间环节。

第三，通过建立分销点拓宽销售渠道，例如一个小区楼下的连锁超市就是一个分销点，通过与超市签约的方式，使居民在超市订货取货，通过这种类似社区商城的模式进一步拓宽市场，同时加大网站知名度。

第四，销售环节全程注重质量标准，因为农作物是食品，而食品的安全属于民生问题，必须引起重视。要想使销售渠道真正打开，市场认可是关键。而市场认可的首要条件是过硬的质量，只有提供消费者信得过的产品才能真正长久地抓住客户，占领市场，正所谓"好产品是最好的营销"，好产品永远是农产品供应者给客户最好的名片。

第五，在网站建立售后评价系统，使消费者可以第一时间将食用产品的体验发布在网站。一方面便于网站搜集资料，筛选质量过硬的产品源；另一方面给潜在消费者以建议参考，便于消费者更好地选择商品，对于过期变质的食品及时予以售后销毁。通过这样的步骤形成一套完善的销售体系，使消费者可以放心在网站上购买商品，改善以往因为批发市场上农作物同质化程度较高带来的通过压低价格来换取销量的局面。

三、引导开拓农产品海外市场

为了便于农产品出口，应制定有针对性的专门条款，首先，关于出口退税方面，可以设置优惠税管政策，并做到动态管理，即随时根据一定时期的出口情况，及时调整提供优惠的种类。其次，政府部门应该尽力使退税流程进一步简化，对以往信誉记录较好和生产农业特色产业的农业企业予以优化办理。各个政府部门在对出口农产品进行管理的过程中相互合作，避免重复收费。最后，在对出口农产品的资金投入力度上也应加强并开展多种免费的服务尤其是对于鲜活农产品从运输到检验检疫提供优先服务。优先安排出口项目的贷款，通过一系列措施使农产品出口竞争力得以提高。

政府运用自身特殊的地位优势为农户和农业企业搭建信息平台，使农产品出口相关信息能及时被农户知晓，这其中包括产品供求信息以及相关法规等，同时为农业经营者提供信息服务。在行业协会内部进行深化改革，使之成为为市场服务的行之有效的中介机构，避免企业之间无谓的恶性竞争。同时鼓励和帮助出口企业参加国家展销会，以赢得国际声誉。

四、扩大农产品品牌价值

农产品要想扩大知名度，提高其在国内乃至国际市场的影响力，品牌价值的树立是关键，创建品牌也是营销产品的重要手段。目前，环京津地区已经形成了若干诸如廊坊"正大食品""宣化牛奶葡萄"，怀来县沙城的"长城干红"，保定"天香"，"承德露露"等知名品牌。然而从现代农业的发展角度看，在农产品的品牌培育方面还需要加大力度。品牌除了可以扩大产品影响力之外，还可以提升产品的综合价值，使农产品的价格得以提高，进而改善农民生活水平，因此由原产品创收的经营方式向品牌创收方式的进化是现代农业发展的必然选择。

本章小结

本章提出了促进河北省环京津地区现代农业发展的措施。河北省环京津地区在明确现代农业发展目标的基础上确定了发展模式并选取了发展重点。重点包括四大方面的支撑体系建设。

第一，要素支撑体系。包括：①加强新型农民培育工作；②提高科技信息化水平；③拓宽资金来源，提高资金使用效率。

第二，产业支撑体系。包括：①分区域合理规划农业产业布局；②丰富京津冀间产业合作发展模式；③构建农业特色产业低碳化模式；④将循环产业融入到产业链的设计中；⑤结合本地旅游资源发展休闲农业；⑥加强配套产业建设。

第三，制度支撑体系。包括：①不断推进户籍、就业、社保制度改革；②进一步完善法律制度；③加快实施土地流转制度；④加大惠农制度的力度。

第四，市场支撑体系。包括：①加大对有形市场的建设力度；②积极推行农产品的O2O销售模式；③引导开拓农产品海外市场；④扩大农产品品牌价值。

第九章 结论与展望

第一节 主要结论

本研究选择环京津地区现代农业发展问题作为研究对象，其原因主要在于环京津地区特殊的地理位置、相似的地形地貌和农产品以及其在河北省各地区现代农业发展水平所处的位置相近。本书在分析了环京津地区农业和经济社会发展现状的基础上，通过主成分分析法对环京津地区的现代农业发展水平进行了评价，得出其在河北省所有地区中所处的位置较为落后；然后对影响其现代农业发展水平的因素进行了分析，并参考和学习了国内外先进国家和地区现代农业发展经验，通过对环京津地区产品进行比较优势分析得出各县具有比较优势的农产品；最后，综合农业区划分析、农业发展模式分析等得出了环京津地区今后发展现代农业的对策建议，主要结论为：

（1）目前环京津地区农业和经济社会发展建设已经取得了一定的成绩，在当前京津冀一体化和环首都经济圈背景下，面对新的机遇，"如何在原有成绩基础上突破"成为环京津地区现代农业发展需要解决的重要问题。其取得的主要成绩有：乡村从业人员就业类型呈多元化发展趋势，农产品种类丰富，种养业发展潜力大，经济总量持续上升，产业结构不断优化，教育事业、医疗保障、住房保障等逐步完善。

（2）环京津地区农业发展水平虽然已取得了长足进步，然而从河北省整体范围看，环京津地区的农业发展水平参差不齐。笔者通过建立衡量现代农业的指标体系对河北省环京津地区的 71 个县（市）现代农业发展水平进行综合评分，得出环京津各县（市）的分值和排名，既有在全省名列前茅的地区也有较为落后的地区。同时，通过空间聚类分析对环京津地区的现代农业发展情况进行描绘，以便更清晰地反映现代农业发展水平，便于在后续研究中将相似的地区作为研究。

（3）政府及非政府组织共同努力，凸显指导作用。周边高端市场需求导向促使农业经营者从事现代农业生产，农业产业化经营方式利于农业向专门化方向发展，这些都是影响环京津地区现代农业发展的有利因素。另外，采用CD生产模型对影响环京津地区现代农业的因素的影响力大小进行测算，并运用基于DEA的Malmquist指数对河北省环京津地区的农业产业进行全要素生产率分解，分别对生产效率进行动态DEA分析和静态DEA分析。得出人口承载压力大，高科技人才发展能力不平衡，区域资金流动能力不均，扩散能力弱，农技研发和推广效果欠佳，农业信息化水平低，生态环境恶劣，水土资源有限，灾害性气候影响农业生产，制度设计与城镇化建设进度不同步是影响河北省环京津地区现代农业发展的不利因素。

（4）通过对美国农业集群模式，新加坡、法国、中国台湾和四川的休闲农业模式，山西和江西的生态农业模式进行分析，吸取先进地区现代农业发展经验并结合环京津地区自身特点得出启示。

（5）利用比较优势分析法分别对环京津地区各主要农业产业进行规模优势指数、效率优势指数和综合优势指数的计算，得出环京津地区各个县具有比较优势的产业。利用区位商和显示性对称比较优势指数对环京津地区现代农业各行业进行比较优势的分析，为今后环京津地区发展现代农业的产业和行业选择提供参考，便于环京津地区选择农业特色产业，打造适宜自身特点的农产品基地，并促进三次产业进一步融合。

（6）提出促进环京津地区现代农业发展的措施。在环京津地区明确现代农业发展目标的基础上确定发展模式并选取发展重点。本书通过全面对环京津地区的现代农业发展情况进行分析，得出一系列促进现代农业发展的措施和政策建议。重点包括四大方面的支撑体系建设。

第一，要素支撑体系。包括：①加强新型农民培育工作；②提高科技信息化水平；③拓宽资金来源，提高资金使用效率。

第二，产业支撑体系。包括：①分区域合理规划农业产业布局；②丰富京津冀间产业合作发展模式；③构建农业特色产业低碳化模式；④将循环产业融入到产业链的设计中；⑤结合本地旅游资源发展休闲农业；⑥加强配套产业建设。

第三，制度支撑体系。包括：①不断推进户籍、就业、社保制度改革；②进一步完善法律制度；③加快实施土地流转制度；④加大惠农制度的力度。

第四，市场支撑体系。包括：①加大对有形市场的建设力度。②积极推行农产品的O2O销售模式；打破地域限制，使农产品供应者与消费者之间的距离缩短，并省略掉传统批发市场模式的全部中间环节，通过建立分销点拓宽销售渠道；在网站建立售后评价系统，使消费者可以第一时间将食用产品的体验发布在网站。③引导开拓农产品海外市场。④扩大农产品品牌价值。

第二节　研究展望

环京津地区的现代农业是不断发展的，本研究虽然对环京津地区现代农业发展的现状及问题进行了分析并提出相应政策建议，但由于笔者研究能力有限，研究的细致程度和系统性尚显不足。比如，环京津地区现代农业水平的指标体系中指标的选择是否完全适宜还有待进一步商榷，对于确定权重方法的选择也有待深入探讨，对环京津地区现代农业发展的因素分析也有待加入更完整的实证分析作为佐证。因此，在今后的研究工作中，笔者会力求精益求精，不断将数据和方法充实进今后的研究工作中，争取完善本研究以得出更为客观的结论。

参考文献

［1］速水佑次郎，弗农·拉坦．农业发展的国际分析［M］．北京：中国社会科学出版社，2000.

［2］庄甲．走中国特色农业现代化道路［J］．党政干部学刊，2009（2）：38－40.

［3］赫修贵．中国特色农业现代化模式探讨［J］．学术交流，2010（5）：53－56.

［4］高海珠．西方发达国家现代农业发展研究［D］．吉林大学博士学位论文，2007.

［5］程怀儒．毛泽东战略战术思想与市场竞争中的中小企业［J］．河南大学学报，2006（4）：20－22.

［6］蒋和平．运用高新技术改造我国传统农业的技术路线选择［J］．科学管理研究，2007（4）：38－40.

［7］李静．中国农业生产率的增长趋势：1978～2012［J］．南京农业大学学报，2015（3）：113－118.

［8］张西华．传统农业向现代农业转变的研究［J］．安徽农业科学，2016（5）：1032－1033.

［9］卢良恕．中国农业发展的新形势［J］．中国农村科技，2014（11）：4－5.

［10］柯炳生．关于加快推进现代农业建设的若干思考［J］．农业经济问题，2007（2）：18－23.

［11］王艳玲．县域金融支持扩大内需政策有效实施的对策建议［J］．甘肃金融，2009（2）：64－67.

［12］卢良恕，孙君茂．新时期中国农业发展与现代农业建设［J］．中国工程科学，2014（1）：22－29.

［13］蒋和平，王有年，孙祎林等．运用高新技术改造北京市传统农业的思

路与对策 ［J］. 北京农学院学报，2013（3）：161 - 165.

［14］孙浩然. 国外建设现代农业的主要模式与启示 ［J］. 社会科学家，2016（2）：61 - 64.

［15］陶武先. 现代农业的基础特征与着力点 ［J］. 中国农业经济，2014（3）：4 - 12.

［16］孔祥智，李圣军. 现代农业——新农村建设的着力点 ［J］. 时事报告，2006（5）：10 - 15.

［17］周琳琅. 关于现代农业发展的几个问题 ［J］. 经济问题探索，2010（5）：34 - 37.

［18］叶裕民. 农民工迁移与统筹城乡发展 ［J］. 中国城市经济，2010（3）：46 - 51.

［19］李晔，郭三党，刘斌等. 区域农村经济发展水平的综合评价 ［J］. 农业技术经济，2010（4）：92 - 99.

［20］李炳坤. 加快构筑现代农业产业体系 ［J］. 上海农村经济，2007（8）：4 - 8.

［21］张范洲. 企业集群与技术创新 ［J］. 价值工程，2014（6）：23 - 30.

［22］万宝瑞. 把发展现代农业贯穿新农村建设始终 ［J］. 农业经济问题，2007（1）：4 - 7.

［23］农业部课题组. 推进农村集体经济组织产权制度改革 ［J］. 中国发展观察，2006（12）：29 - 36.

［24］彭相如. 产业集群中的技术创新研究 ［D］. 江西财经大学硕士学位论文，2014.

［25］裴淑娥. 对发展现代农业的思考 ［J］. 安徽农业科学，2009（19）：5891 - 5892.

［26］蒋和平，蔡松峰. 我国农业产业发展现状与预测 ［J］. 农业展望，2010（8）：29 - 34.

［27］柯炳生. 加快推进现代农业建设的若干思考 ［J］. 农业经济管理，2009（3）：15 - 17.

［28］胡恒洋，刘苏社，张俊峰等. 关于现代农业建设的认识和政策建议 ［J］. 宏观经济管理，2008（2）：24 - 27.

［29］张晓山. 发展现代农业——社会主义新农村建设的首要任务 ［J］. 前线，2010（4）：12 - 14.

［30］梅方权. 我国农业现代化的发展阶段和战略选择 ［J］. 天津农业科技，2010（1）：23 - 26.

[31] 柯炳生．我国农业的国际竞争力变化特点 [J]．经济研究参考，2010 (35)：35 - 36.

[32] 郑有贵．对影响中国农业政策制定的若干理论的回顾与辨析 [J]．中共党史研究，2011 (6)：44 - 49.

[33] 林本喜．基于农户资源利用效率现代农业发展评价 [J]．内蒙古农业大学学报，2011 (3)：39 - 42.

[34] 蒋和平．中国农业现代化发展水平的定量综合评价 [J]．农业经济问题，2005 (1)：61 - 69.

[35] 万忠，科学评价下的广东省现代农业发展水平 [J]．中国农业科技，2012 (5)：53 - 55.

[36] 蒋和平，辛岭，崔奇峰．中国建设现代农业的探索与经验 [J]．农业经济与管理，2011 (4)：5 - 14.

[37] 国务院．构建循环型产业体系，推动再生资源利用产业化 [EB/OL]．证券时报，2012 - 12 - 13，http：//finance. ifeng. com/stock/zqyw/20121213/7425976. shtml.

[38] 丁冬梅．城市化进程中低碳生态城市建设路径研究 [J]．商业时代，2012 (27)：129 - 130.

[39] 伍文中．京津冀经济圈产业竞争力研究 [M]．北京：经济科学出版社，2013.

[40] 李国平．京津冀区域发展报告 [M]．北京：科学出版社，2014.

[41] 顾朝林．北京首都圈发展规划研究 [M]．北京：科学出版社，2012.

[42] 郭佳林．金融借贷资金支持现代农业发展研究 [D]．湖南农业大学博士学位论文，2013.

[43] 张华颖．天津都市型现代农业发展问题研究 [D]．天津师范大学博士学位论文，2015.

[44] 杨光宇．区域一体化视角下的京津冀产业协同发展研究 [D]．兰州大学博士学位论文，2015.

[45] 梅如笛．京津冀协同发展的产业布局研究 [D]．首都经济贸易大学博士学位论文，2015.

[46] 何凤霞．建立现代农业政府投入机制的基本思路和政策取向 [J]．特区经济，2010 (4)：178 - 180.

[47] 付长江．京津冀一体化的四大功能区建设研究 [D]．中央民族大学博士学位论文，2015.

[48] 褚俊玲．京津冀区域优势产业选择研究 [D]．天津商业大学博士学

位论文，2014.

［49］高洪深．区域经济学［M］．北京：中国人民大学出版社，2011.

［50］文魁．京津冀发展报告（2016）：协同发展指数研究［M］．北京：社会科学文献出版社，2016.

［51］文魁．京津冀区域一体化发展报告（2012）［M］．北京：社会科学文献出版社，2012.

［52］马树强．河北省经济发展报告（2016）：新常态与京津冀协同发展［M］．北京：社会科学文献出版社，2016.

［53］张立鹏．京津冀一体化的"三线"建设［M］．北京：中国书籍出版社，2015.

［54］国务院发展研究中心农村经济研究部课题组．中国特色农业现代化道路研究［M］．北京：中国发展出版社，2012.

［55］张建国．山西节水模式研究［D］．西北农林科技大学博士学位论文，2009.

［56］李谷成，范丽霞．农业全要素生产率增长：基于一种新的窗式 DEA 生产率指数的再估计［J］．农业技术经济，2013（5）：5－7.

［57］王一茹，吕杰．中国花生生产效率研究［J］．沈阳农业大学学报（社会科学版），2011（13）：684－687.

［58］周勇．三农与乡村旅游共生关系研究［J］．市场周刊，2013（9）：8－9.

［59］汪三贵．以精准扶贫实现精准脱贫［J］．中国国情国力，2016（4）：1－3.

［60］文魁．京津冀发展报告（2013）：承载力测度与对策［M］．北京：社会科学文献出版社，2013.

［61］叶显峰．以色列现代农业对安徽农业发展的启示［J］．农业基础学，2013（13）：363.

［62］何传启．中国现代化报告 2012——农业现代化研究［M］．北京：北京大学出版社，2012.

［63］朱信凯，于亢亢等．未来谁来经营农业：中国现代农业经营主体研究［M］．北京：中国人民大学出版社，2014.

［64］孙艳艳，李荣等．国际科技动态跟踪——现代农业［M］．北京：清华大学出版社，2013.

［65］曾书琴．都市型现代农业的理论与实践［M］．北京：中山大学出版社，2012.

[66] 王晋臣. 典型西南喀斯特地区现代农业发展研究［D］. 中国农业科学院博士学位论文, 2012.

[67] 袁庆铭. 我国西部农业水利建设的问题与对策［J］. 安徽农业科学, 2011, 39 (20): 12321 – 12322.

[68] 王辉. "两型社会" 建设背景下长珠潭城市群都市农业发展研究［D］. 湖南农业大学博士学位论文, 2012.

[69] 谢杨. 基于云计算的现代农业物联网监控系统［D］. 西南交通大学博士学位论文, 2015.

[70] 侯胜鹏. 中部地区现代农业的发展模式及运行机理研究［D］. 湖南农业大学博士学位论文, 2013.

[71] 任高龙. 关于互联网在现代农业中应用的研究［J］. 商场现代化, 2015.

[72] 匡远配, 李飞. 两型农业发展的动力机制分析［J］. 农业经济与管理, 2011 (3).

[73] 江晶. 国家现代农业示范区运行机制与发展模式研究［D］. 中国农业科学院博士学位论文, 2013.

[74] 矫玉勋. 云计算技术在现代农业中应用分析及发展策略［D］. 吉林大学博士学位论文, 2013.

[75] 徐贻军, 王赞新. 湖南农业技术创新与现代农业发展协调性评价［J］. 农业现代化研究, 2013 (9): 566 – 568.

[76] 匡远配, 罗荷花. "两型农业" 综合评价指标体系构建及实证分析［J］. 农业技术经济, 2012 (7): 69 – 77.

[77] 曾福生. 长株潭城市群农业现代化引领区域建设实证分析［J］. 湘潭大学学报 (哲学社会科学版), 2010 (3): 66 – 71.

[78] 李明贤. 洞庭湖区现代农业示范区建设研究［M］. 北京: 经济科学出版社, 2012 (12).

[79] 邓秀新. 现代农业与农业发展［J］. 华中农业大学学报, 2014 (1): 1 – 4.

[80] 赵之枫. 基于互动理念的现代农业园区规划研究［J］. 城市规划, 2013 (11): 24 – 28.

[81] 钟勉. 关于现代农业产业基地问题研究［J］. 经济学家, 2013 (4): 25 – 31.

[82] 王雅鹏等. 我国现代农业科技创新体系构建: 特征、现实困境与优化路径［J］. 农业现代化研究, 2015 (2): 161 – 167.

［83］罗迈钦．现代农业发展背景下的经验农民向知识农民转型研究［J］．农业现代化研究，2014（3）：322－325．

［84］胡亦琴．现代服务业与农业耦合发展路径选择——以浙江省为例［J］．农业技术经济，2014（4）：25－33．

［85］张斌胜．健全和完善现代农业支撑体系——从山西的实践看［J］．理论探索，2013（6）：98－100．

［86］藏波等．基于现代农业发展的丘陵山区农用地整治分区与发展策略［J］．资源科学，2015（2）：272－279．

［87］张伟．我国现代农业发展的趋势与对策研究［J］．河南农业科学，2013（8）：197－200．

［88］杨萍，季明川等．以土地高效利用为核心的现代农业园区设计与实证分析［J］．农业工程学报，2015（9）：281－287．

［89］柳金平．现代农业建设与路径研究［D］．中国农业科学院博士学位论文，2013．

［90］李英禹．农林高校毕业生服务现代农业的驱动机制与对接措施研究［D］．东北林业大学博士学位论文，2015．

［91］张弘．湖南省传统农业向现代农业转型路径研究［D］．天津师范大学博士学位论文，2015．

［92］孙能力．省域农业竞争力比较研究［D］．华中农业大学博士学位论文，2012（6）．

［93］熊仪江．平武县现代农业经营主体培育路径和环境研究［D］．西南大学博士学位论文，2014．

［94］周娟枝．现代农业发展趋向判别及其机制构建研究［D］．中国海洋大学博士学位论文，2013．

［95］张福平．北京都市型现代农业发展中利益主体及协同机制研究［D］．中国科技大学博士学位论文，2013．

［96］Stoorvogel J. , Antle J. M. , Crissman C. Thgrated Biophysical and Economic Modeling of Agricultural Production Systems［J］. Agricultural Systems，2004，80（1）：43－66．

［97］Dauncey G. Germany Moves to Circular Economy［J］. Tue，2002（3）：12－18．

［98］IZak A. M. , Swift M. On Agricultural Sustainability in Small－Scale Farming Insub－Saharan Africa［J］. Ecological Econmiics，1994（1）：205－22．

［99］Doichinova Y. Organization Restructuring of Bulgarian Agriculture：Preconditions and Results [J]. Agricultural Ecnomics and Management, 1996 (2): 19.

[100] Vnader Werf H. Evalution of the Enviormental Impact if Agriculture at the Farm Level: A Comparison and Analysis of Indicator – based Methods [J]. Agriculture, Ecosystems and Enviornment, 2002 (9): 131 – 145.

[101] Rodale R. Breaking New Ground: The Search for a Sustainable Agriculture [J]. The Futurist, 1994 (1): 15 – 20.

后　记

　　本书是我 2016 年承担的河北省社会科学基金项目"环京津地区现代农业发展研究"的成果，项目编号：HB16GL100。

　　本书是我在博士学位论文基础上修改而成的，在本书完成之际，衷心感谢所有给予我关心和支持的老师、同学、同事、朋友及家人。

　　能完成本书首先要感谢我的恩师孙文生老师。孙老师以严谨求实的治学态度和勤勉的工作态度教导了我踏实求学，使我的知识层次有所提高，巩固了研究基础；在学术探讨中，他又以对问题高屋建瓴的专业见地，使我茅塞顿开，逐渐掌握了许多研究方法和研究思路。论文选题、开题、论证、资料搜集、初稿直至定稿的全过程，孙老师均提出了很多宝贵意见，对提高本书质量有很大帮助。可以说，无论在学业上的进步还是个人的成长，都离不开他的关怀。每思及恩师教诲和为此付出的辛劳，常自责未能达到恩师期望，唯有在以后的道路上更加勤勉努力，以期不负师恩。字里行间不足以表达孙老师付出的心血，特此向孙老师致以最诚挚的谢意。

　　感谢我所在学院的领导和老师。在写书期间，各位领导和老师给予了我热心的教导和帮助及极大的支持。

　　最后，要感谢经济管理出版社的支持和帮助，感谢本书编辑对本书的细心校对和修改。

　　由于时间有限，文中错误在所难免，敬请专家学者不吝赐教，同时也向为本书提出意见的专家、学者表示感谢。

张楠楠

2016 年 9 月